URSULA LANG · ANNETTE SCHIERHORN

FRUCHTWEIN
LIKÖRE, MOST & SÄFTE

Einfach selber machen

blv

Saftige Rezepte aus Obst, Gemüse und Kräutern

Kreationen und Aromen aus der Natur

Es ist Sommer, alles wächst und gedeiht, die Beeren im Garten reifen um die Wette und irgendwann stellen Sie fest: Wir können gar nicht mehr alles verzehren! Die Sonne lacht, die reiche Ernte will verarbeitet werden und eigentlich möchte man viel lieber die frische Luft genießen ... spätestens jetzt wird es Zeit, sich mit diesem Buch Anregungen zu holen. Wir haben Rezepte zusammengetragen, mit denen Sie größere Mengen Obst oder Gemüse schnell entsaften und konservieren können. Im Herbst lassen sich diese Säfte dann zu leckerem Gelee oder Likör weiterverarbeiten und verfeinern.

Wussten Sie, dass ein Liter Fruchtnektar im Handel häufig so viel kostet wie eine Flasche Wein und dass Zusatzstoffe in alkoholhaltigen Getränken gar nicht erst angegeben werden müssen? Neben dem eindeutigen Preisvorteil von Selbsterzeugtem wissen Sie auch genau um seine Qualität: keine Verdünnung, keine Zusatzstoffe und nur ausgewählte Zutaten. In einer hochtechnisierten, durch vielerlei »Kunststoffe« geprägten Welt wenden sich die Menschen wieder dem Natürlichen zu. Dahinter stecken nicht nur Nostalgie oder ethische Gründe, sondern in erster Linie die Erkenntnis, dass die Natur uns Genüsse bereitstellt, die sich im Labor allenfalls nachahmen lassen. Wir Verbraucher begnügen uns nicht mehr mit synthetischen Endprodukten – vielmehr wollen wir wissen, woher die Lebens- oder Genussmittel kommen und was in ihnen steckt.

Was liegt da näher als Garten, Wald und Strauch? Es macht Spaß, die Natur mit wachem Auge zu beobachten und auf »Brauchbares« zu überprüfen. Natürlich bereitet es Mühe, Schlehen, Kornelkirschen oder gar Waldhimbeeren in den Mengen zu sammeln, die man zur Weiterverarbeitung benötigt. Doch die Ergebnisse sind es wert: Diese einzigartigen Kreationen und Aromen finden Sie in keinem Laden! Genießen Sie Ihre Unikate selbst oder machen Sie anderen eine Freude: Zum Beispiel ist ein Hustensirup oder Kräuterlikör bei Krankenbesuchen eine einfallsreiche Alternative zu Blumen.

Neben Fantasie und ein wenig Geschick braucht man dafür natürlich auch das notwendige Wissen: Welche Jahreszeit zeugt welche Früchte, wie werden sie verarbeitet, wie konserviert und gelagert? Mit diesem Buch wollen wir unser Wissen mit Ihnen teilen und Ihnen Appetit auf Natur und all das machen, was man aus ihr zubereiten kann. Also schnappen Sie sich das Buch, machen Sie es sich gemütlich und lassen Sie sich inspirieren.

Die wunderschönen Fotos sind der Verdienst unserer hoch engagierten Fotografin, Frau Bethel Fath, die selbst bei Schnee, Graupelschauer oder sengender Hitze immer die optimale Einstellung gefunden hat. Ihr gebührt unser besonderer Dank. Viele der Bilder durften im Bauernhausmuseum Wolfegg entstehen – dafür möchten wir uns herzlich bei der Museumsleitung bedanken.

Viel Spaß beim Lesen und Ausprobieren wünschen

Annette Schierhorn und Ursula Lang

Saft und Sirup

Aus dem Obstgarten

Aus dem Gemüsegarten

Aus Kräutern und Wildpflanzen

Saft und Sirup

Beim Entsaften wird unterschieden zwischen heiß und kalt entsaften.

Heiß entsaften

So gelingt's mit Tuch und Sieb

Die Beeren und Früchte werden mit wenig Wasser weich gekocht und in ein Sieb, das man mit einem feuchten Filtertuch (Geschirrtuch, Mullwindel, Käseleinen oder Stofftaschentuch) auslegen kann, gegossen. Der herabtropfende Saft wird in einer großen Schüssel aufgefangen. Solange das Tuch nicht gepresst wird, fließt er klar, drückt man den Saft aus dem Tuch, wird er aromatisch, aber trüb.

So gelingt's im Dampfentsafter

Ein Dampfentsafter besteht im Wesentlichen aus einem Wassertopf, einem Saftauffanggefäß (mit Abfüllröhrchen, Schlauch und Klemme), einem gelochten Fruchtkorb und einem gut schließenden Deckel. Das Wasser im Topf wird auf dem Herd zum Sieden gebracht, Dampf steigt durch die Öffnung in der Mitte des Saftauffangbehälters in den Fruchtkorb und erhitzt die Früchte, sie platzen auf. Der klare Saft fließt in den Auffangtopf und kann mithilfe des Schlauchs abgezapft werden.

Schritt für Schritt

Früchte waschen, gegebenenfalls entstielen, entsteinen oder zerkleinern und in den Fruchtkorb füllen. Häufig wird gleich Zucker dazugegeben, der sich während der Entsaftungszeit löst und mit dem Saft mischt. Dies erhöht die Saftausbeute und bindet wertvolle Aromastoffe.

Topf mit Wasser füllen, Saftauffanggefäß und Fruchtkorb darüber stellen. Den Gummischlauch zuvor nass aufsetzen und mit der Schlauchklemme abklemmen. Nur so viel **Obst einfüllen**, dass der Deckel gut schließt, sonst entweicht der Dampf. Pressen Sie die Früchte im Entsafter nicht zusammen, warten Sie lieber 20 Minuten, bis Sie die letzten Beeren einfüllen können.

Sobald das Wasser im Wassertopf kocht, beginnt die **Entsaftungszeit**. Sie schwankt zwischen 25 und 60 Minuten. Für gleichmäßigen Dampf sollte das Wasser währenddessen permanent kochen. Nach dem Abschalten der Herdplatte sollte der Entsafter noch einige Zeit geschlossen bleiben. So kann eine größere Menge Saft gewonnen werden. Um die Früchte gänzlich zu entsaften, kann die Fruchtmasse gegen Ende der Entsaftungszeit mit einem Kartoffelstampfer zusammengedrückt werden. Dies trübt aber den Saft ein.

Soll der gewonnene Saft nicht weiter verfeinert werden, kann er direkt vom Schlauch abgezapft und in vorgewärmte Flaschen **abgefüllt** werden. Flaschen und Deckel sollten sauber ausgespült und mit heißem Wasser angewärmt sein, sonst springen sie

Entsaftungszeiten von Obst, Gemüse, Kräutern

Entsaftungsgut	Entsaftungszeit in Minuten	Vorbehandlung des Kochguts
Äpfel/Birnen/Quitten	60	
Brombeeren/Erdbeeren/	30	
Himbeeren/Holunderbeeren	30	
Johannisbeeren	45	Nach Belieben entstielen
Kirschen	45	Nach Belieben entsteinen
Rhabarber/Stachelbeeren	45	
Weintrauben/Pflaumen	45	
Gurken/Tomaten	45	In kleine Stücke schneiden
Möhren/Rettiche/Rüben	60	Putzen und raspeln
Spargel	60	Abfallstücke, Schalen mit verwenden
Sellerie/Zwiebeln	60	Mit Schale entsaften, in kleine Stücke schneiden
Löwenzahn	60	Junge Blätter verwenden, gut zerkleinern
Petersilie	60	Zerkleinern
Liebstöckel	60	
Sauerampfer	60	

leicht. Am besten stellt man vor den Zapfhahn einen mit warmem Wasser gefüllten Topf auf einen Hocker. Hierin steht die Saftflasche sicher und richtet bei einem eventuellen Zerspringen keine allzu große Verwüstung an.

Kalt entsaften

Schnell, lecker und frisch: Beim kalt Entsaften geschieht alles in einem Arbeitsgang. Viele Vitamine und Mineralstoffe bleiben erhalten. Verwenden Sie **nur Gemüsesorten, die roh verzehrt werden können.** Kernobst muss vorher entsteint und entstielt werden. Aus Erdbeeren und anderen sehr weichen Früchten erhalten Sie nur dickflüssige Säfte. Der zurückbleibende Trester enthält noch viele wertvolle Nähr- und Ballaststoffe.

Die elektrische Saftzentrifuge

Einfach und zeitsparend: Die elektrische Saftzentrifuge besteht aus einem Einfüllschacht, einer Zerreißscheibe zum Raspeln, einem Siebkorb, gegen den die Maische geschleudert wird, und einem Auffangbehälter für den Saft.

Schritt für Schritt

Gemüse/Obst waschen, in grobe Stücke schneiden und nacheinander einfüllen. Die schnellen Umdrehungen der Siebtrommel pressen den Saft nach außen, während die festen Bestandteile (Trester) im Filterstreifen hängen bleiben. Bei kleinen Geräten muss der Trester nach ca. 1 kg entsafteten Gemüses entfernt werden. Größere Entsafter werfen den Trester selbsttätig in einen extra Auffangbehälter. Die Einzelteile des Entsafters sollten nach dem Gebrauch sofort sorgfältig gereinigt werden.

Tipp: Gemüsetrester können Sie zum Andicken von Soßen und Suppen oder zum Füllen von Strudeln oder Aufläufen verwenden. Fruchtigen Trester können Sie für Desserts mit Joghurt und Sahne vermischen. Sie sollten den Trester – wie auch den Frischsaft – am Tag der Zubereitung verbrauchen, um Geschmacksbeeinträchtigungen und Vitaminverluste zu vermeiden. **Achtung:** Lassen Sie Kinder nicht alleine an der Saftzentrifuge arbeiten!
Entsaften mit Obstmühle und Korbpresse wird ausführlich im Kapitel »Most« (S. 66/67) beschrieben.

Haltbarkeit

Alle selbst erzeugten Säfte sind nur wenige Tage im Kühlschrank haltbar – egal ob heiß oder kalt entsaftet. In der Regel macht man Säfte durch Pasteurisieren haltbar. Hierbei wird der Saft so schnell wie möglich auf 75 bis 80 °C erhitzt und diese Temperatur für wenige Minuten gehalten. So werden die Mikroorganismen in der Flüssigkeit abgetötet. Sauberkeit und Hygiene sind bei der Verarbeitung oberstes Gebot.

Heiß abfüllen in Flaschen

Glasflaschen sind geschmacksneutral, hitzebeständig und können luftdicht verschlossen werden.
Statt neuer Flaschen können Sie Einweg-/Pfandflaschen mit Twist-off-Verschlüssen verwenden. Achten Sie jedoch darauf, dass die Deckel nicht beschädigt sind.

Vor der Befüllung müssen Flaschen und Deckel nochmals gereinigt und mit heißem Wasser befüllt werden, um ein Zerspringen des Glases durch die extremen Temperaturunterschiede zu vermeiden. Nach dem Befüllen sollen die Flaschen sofort fest verschlossen und zugfrei aufgestellt werden, damit sie langsam abkühlen können.

Im Edelstahltank heiß abfüllen

In Edelstahltanks kann Saft monatelang gelagert werden, ohne zu gären. Hierfür wird der Saft im Fass mit einem Tauchsieder auf ca. 78 bis 80 °C. erhitzt. Anschließend legt man auf den heißen Saft einen speziellen Schwimmdeckel und füllt lebensmittelechtes Vaselineöl in den Spalt zwischen Deckel und Fass. Am Boden des Fasses befindet sich ein Hahn, über den Sie den Saft nach Bedarf abzapfen können. Der auf dem Ölfilm schwimmende Deckel sinkt bei Saftentnahme nach unten, sodass keine Luft an die Flüssigkeit gelangen kann.

In der Gefriertruhe konservieren

Das Einfrieren kleinerer Saftmengen eignet sich besonders für roh gepresste Säfte – Geschmack und Vitamine bleiben nahezu unbeschadet erhalten. Neben den üblichen Gefäßen können sie auch Eiswürfelbehälter befüllen – wenn Sie jedem Würfel noch eine kleine Blüte oder Beere beigeben, erhalten Sie eine wunderschöne und schmackhafte Dekoration für z. B. Fruchtbowle oder Cocktails. Füllen Sie die Behälter nie ganz voll, da sich Flüssigkeiten beim Einfrieren um ca. 10 Prozent ausdehnen.

Zusätze im Saft/Sirup

- Durch den Zusatz von **Zitronensäur**e kann der Geschmack verbessert werden: Säfte schmecken nicht nur süß und erhalten zudem eine schöne Saftfarbe (sehr säurehaltige Säfte können jedoch in der Flasche gelieren).
- Die Haltbarkeit des Saftes hängt auch vom **Zuckergehalt** ab. Sirup mit einem Zuckergehalt über 50 Prozent ist länger haltbar als Saft oder verdünnter Nektar.
- Ein Zusatz von **Ascorbinsäure** (Vitamin C) verhindert Bräunungen (z. B. bei Erdbeeren oder Minzen).

Sirupherstellung

Sirup ist Saft mit mindestens 65 Prozent Zuckeranteil. Der hohe Zuckergehalt verhindert das Verderben des Saftes, da Mikroorganismen in diesen Zuckerkonzentrationen nicht überleben können. Da Fruchtsäfte einen natürlich hohen Fruchtzuckeranteil haben, benötigt man weniger als 65 Prozent Zucker, um sie zu Sirup zu verarbeiten.

Zwei Möglichkeiten, den Zucker im Saft aufzulösen:

- In der Regel wird der Saft in einem Topf erhitzt und die abgewogene Zuckermenge zugegeben. Unter Rühren lässt man den Sirup mehrmals aufwallen, bis der Zucker gelöst ist und der entstandene Schaum abgeschöpft werden kann. Der Sirup muss nun zügig in ausgespülte, vorgewärmte Flaschen abgefüllt und sofort luftdicht verschlossen werden.
- Besonders vitaminschonend: Rühren Sie die Zuckermenge 10 bis 20 Minuten in den kalten Saft ein, bis sich der Zucker gelöst hat.

Blüten- und Kräutersirup

Da weder Blüten noch Kräuter viel Flüssigkeit enthalten, gewinnt man allein durch Pressen der Pflanzen keinen trinkbaren Saft. Viele Kräuter besitzen jedoch sehr intensive Geschmacksstoffe, die sie gut an Wasser abgeben. Dieser Prozess dauert meist ein bis fünf Tage. Anschließend seihen Sie die Kräuter ab, erhitzen den Sud mit Zucker und füllen den Sirup in Flaschen ab.

Warum setzt man Blüten- und Kräutersirup häufig Säure zu?

Obstsäfte enthalten meist viel eigene Fruchtsäure, sodass ein daraus gewonnener Sirup süß-säuerlich schmeckt. Bei Kräutern dagegen überwiegen bittere, bei Blüten leicht flüchtige, feine Aromen. Durch den Säurezusatz wird der Sirup harmonischer im Geschmack, gleichzeitig wird die Schimmelbildung im Kräuteransatz unterdrückt. Meist wird Zitronensäure in Form von Trockenkristallen zugesetzt. Man kann jedoch auch natürlichen Zitronensaft verwenden.

Durch Erhitzen wird der Saft haltbar.

Glasflaschen mit unterschiedlichen Verschlüssen.

Blüten, in Eiswürfeln gefrostet.

Es gibt wohl kaum eine größere Gaumenfreude als frisch gepflückte Monatserdbeeren. Die kleinen Schwestern der Gartenerdbeere sind wesentlich aromatischer und reifen vom Frühsommer bis in den Spätherbst. Es lohnt sich, ein paar dieser ausdauernden und anspruchslosen Beeren neben die normalen Erdbeeren zu pflanzen. So können Sie das Aroma Ihrer Erdbeerspeisen intensivieren. Einmal gekostet, werden Sie jegliche Importware verschmähen und auch halbreife Januar-Erdbeeren getrost im Regal liegen lassen.

Erdbeersaft

Erdbeeren waschen und vom grünen Blütenansatz befreien. Mit Hagebutten und Zucker in den Dampfentsafter geben und 30 Minuten köcheln lassen. Den Dampfentsafter langsam abkühlen lassen.

Den noch heißen Saft direkt in saubere und mit heißem Wasser vorgewärmte Flaschen abfüllen, gut verschließen und langsam abkühlen lassen.

Erdbeersaft

- *3 kg Erdbeeren*
- *3 EL Hagebutten, getrocknet*
- *300 g Zucker*

Erdbeersirup – eine edle Delikatesse

Erdbeeren säubern, entstielen und halbieren. In einem Kochtopf mit einem Kartoffelstampfer zerquetschen, mit Wasser und Hibiskusblüten zum Kochen bringen und 5 Minuten köcheln lassen.

Fruchtbrei durch ein Sieb oder Tuch seihen. Auf 1 l Saft ca.1 kg Zucker zugeben und aufkochen bis der Zucker gelöst ist. Noch heiß in kleine, vorgewärmte Flaschen füllen.

Tipp > Die wunderschöne rote Farbe der Erdbeeren verblasst bei Erdbeersirup oder -marmelade leider sehr schnell. Um dies zu vermeiden, werden die Hibiskusblüten mitgekocht.

Erdbeersirup

- *1,5 kg reife Erdbeeren*
- *500 ml Wasser*
- *2 EL Hibiskusblüten*
- *ca. 1 kg Zucker*

Erdbeer-Holunder-Sorbet

Holunderblüten in Wasser mit Zucker unter Rühren aufkochen, bis sich der Zucker gelöst hat, und abkühlen lassen. Währenddessen die Erdbeeren waschen und in feine Stückchen schneiden.

Holunderblüten abseihen, mit den übrigen Zutaten vermischen, in die Eismaschine füllen, ca. 30 Minuten darin frosten lassen, dann in einen Gefrierbehälter umfüllen.

Tipp > Servieren Sie eine Kugel Eis in einem hohen Glas mit Holundersekt.

Erdbeer-Holunder-Sorbet

- *5 g Holunderblüten, getrocknet*
- *250 ml Wasser*
- *200 g Zucker*
- *50 g Erdbeeren*
- *200 ml Erdbeer-Rhabarbersaft*
- *2 EL Zitronensaft*

Tipps

> Den Trester können Sie noch mit Joghurt vermischen und sofort als Fruchtjoghurt verzehren.

> Die schaumigen Rückstände aus dem Tuch können Sie zu Eis weiterverarbeiten.

Ananassirup

Ananassirup

- *1 frische Ananas (ca. 1,5 kg)*
- *500 ml Wasser*
- *750 g Zucker*

Ananas waschen, Kopfblätter entfernen, die äußere braune Schale nur ganz dünn abschälen, die restliche Frucht in kleine Stücke schneiden und in ein hohes Gefäß füllen.

Wasser mit Zucker aufkochen bis der Zucker gelöst ist. Heiß über die Ananas gießen. Den Ansatz einen Tag lang zugedeckt ziehen lassen.

Die Früchte anschließend mit einem Teil der Flüssigkeit in einen Mixer geben und pürieren. Die Fruchtmasse mit dem restlichen Saft mischen und durch ein Sieb filtrieren.

Ananassirup kurz erhitzen und heiß in kleine Flaschen füllen, gut verschließen und kühl lagern.

Ananas-Mango-Melonen-Saft

Ananas-Mango-Melonen-Saft

- *1 Ananas (ca. 1,5 kg)*
- *1 Mango (ca. 600 g)*
- *1 Honigmelone (ca. 800 g)*
- *200 g Zucker*

Ananas nur sehr dünn von der braunen Schale befreien, Mango schälen und entkernen, Honigmelone schälen und von den Kernen befreien. Alle Früchte in Stücke schneiden und im Entsafter verarbeiten.

Den Schaum abschöpfen, danach den Saft durch ein Tuch filtern.

Saft abmessen, mit Zucker erhitzen, heiß in Flaschen füllen und gut verschließen.

Exotisches Fruchteis

Exotisches Fruchteis

- *300 g Sahne*
- *150 g Zucker*
- *ca. 300 ml Saftrückstände aus Filtertuch und Schaum*

Sahne mit Zucker steif schlagen, mit dem Saftschaum verrühren und in eine Eismaschine füllen. Das Eis nach ca. 30 Minuten in Tiefkühlbehälter umfüllen und einfrieren.

Gummibärchen

Gelatine in 40 ml Sirup anrühren und 10 Minuten quellen lassen. Zucker mit restlichem Sirup (70 ml) erhitzen, bis er gelöst ist, abkühlen lassen.

In der Zwischenzeit die Formen (siehe Tipps) fein mit Speisestärke bestäuben, Stärke notfalls mit einem Backpinsel verteilen.

Gelatinemischung vorsichtig unter Rühren erhitzen, bis sie sich aufgelöst hat, mit dem Sirup-Zucker-Gemisch vermengen, Zitronensäure zugeben und in die vorbereiteten Formen gießen.

Tipps

> Sie können verschiedene Formen wie weiche Eiswürfelbehälter, kleine Silikonbackformen oder Formen zum Kerzen- oder Seifegießen verwenden. Praktisch ist auch die Schokoladengießform ausgedienter Adventskalender.

> Wesentlich einfacher und schneller: ein Backblech oder eine Auflaufform dick mit Speisestärke bestäuben und die Gelatinemasse einfüllen. Die Masse mehrere Stunden hart werden lassen und am nächsten Tag mit dem Messer oder einem Plätzchenausstecher Formen abstechen.

Gummibärchen

* *9 g Gelatine*
* *110 ml Sirup (z. B. Quitten-, Brombeer-, Johannisbeersirup)*
* *100 g Zucker*
* *ca. 100 g Speisestärke*
* *3 g Zitronensäure*

Gummibärchenbowle

Saft mit Sirup und Limonade in einer großen Schüssel mischen und die »Gummibärchen« zugeben.

Gummibärchenbowle

* *1 l klarer Apfelsaft*
* *ca. 200 ml Sirup nach Wahl (z. B. Waldmeister- oder Holunderblütensirup)*
* *750 ml Zitronenlimonade*
* *200 g Gummibärchen*

Himbeeren und Brombeeren sind in unseren Wäldern und Hausgärten heimisch. Die köstlichen Früchte schmecken am besten frisch vom Strauch gepflückt und auch die Weiterverarbeitung sollte direkt nach der Ernte erfolgen. Während Himbeeren äußerst druckempfindlich sind, fangen Brombeeren schnell zu schimmeln an. Die Beeren eines Strauches reifen nicht alle gleichzeitig, sodass Sie mehrmals kleinere Mengen ernten und verarbeiten können.

Himbeersaft

- Beeren verlesen, nur bei Bedarf vorsichtig waschen, mit dem Wasser aufkochen, die Früchte mit dem Kartoffelstampfer zerdrücken.

- Die Masse nach wenigen Minuten in ein Sieb oder ein Filtertuch abseihen.

- Saftmenge abmessen und nach Wunsch süßen, Saft aufkochen und heiß in vorgewärmte Flaschen füllen.

Tipps

> Wählen Sie für diesen exquisiten Saft lieber kleine Flaschen, da er sich nach dem Öffnen nur wenige Tage im Kühlschrank lagern lässt.

> Bei der **Herstellung von Brombeersaft** verfahren Sie genauso. Achten Sie jedoch darauf, nur reife Brombeeren zu verwenden, da halbgrüne ziemlich sauer schmecken.

> Aus Himbeer- und Brombeerblättern können Sie heilsame Tees kochen. Am besten sammelt man sie im Frühjahr, da sie kurz nach dem Austrieb am aromatischsten sind. Brombeertee ist ein bekanntes Heilmittel bei Durchfall, gegen Husten und als beruhigender Tee zum Schlafen. Brombeeren und Blätter enthalten Salicylsäure, die fiebersenkend und entzündungshemmend wirkt. Ein reiner Tee aus Himbeerblättern hilft bei Durchfall, vielerlei Frauenleiden und Hautausschlägen.

Himbeersaft

* *1 kg Himbeeren*
* *500 ml Wasser*
* *Zucker nach Geschmack (150 bis 300 g)*

Johannisbeeren wuchsen früher wild an windgeschützten Waldrändern oder auf Lichtungen. Noch heute sind sie ein Muss in jedem traditionellen Bauerngarten. Die roten und weißen Sorten reifen meist früher und sind lieblicher im Geschmack als die schwarzen Beeren. Diese schmecken pur relativ herb, enthalten dafür aber wesentlich mehr Vitamin C als Zitronen oder Kiwis. Die Beeren werden immer mit den Rispen geerntet, gewaschen und verlesen. Das zeitaufwendige Entstielen mit der Gabel können Sie sich bei der Saft- und Geleezubereitung sparen.

Johannisbeersaft

Johannisbeeren waschen, Blätter entfernen und mit Stielen 45 Minuten in den Dampfentsafter geben.

Den heißen Saft auffangen und abmessen. Auf 1 l Saft (je nach gewünschter Süße) 250 bis 400 g Zucker zugeben, kurz aufkochen lassen und abschäumen. Gleich in vorgewärmte Flaschen füllen und gut verschließen.

Tipps

> Wenn Sie rote und schwarze Johannisbeeren zusammen entsaften, erhalten Sie eine wesentlich aromatischere Mischung als aus den herbwürzigen schwarzen Früchten allein.

> Johannisbeeren enthalten sehr viel Pektin, das den Saft leicht zum Gelieren bringt. Geben Sie zu den Beeren ein paar Gramm Antigeliermittel und lassen Sie diese vor dem Entsaften mehrere Stunden ziehen. So erhöhen Sie die Saftausbeute und verhindern ein Gelieren.

Johannisbeersaft

* *4 kg Johannisbeeren*
* *1 kg Zucker*

Johannisbeergelee

Den frisch gewonnenen, ungesüßten Johannisbeersaft können Sie gleich zu Gelee weiterverarbeiten.

1 l Saft abmessen und mit Gelierzucker verrühren. Die Mischung 3 Minuten aufkochen, den Schaum abschöpfen und das Gelee in heiß ausgespülte Twist-off-Gläser füllen.

Sie können variieren, indem Sie einen TL Zimt oder Ingwer zugeben.

Johannisbeergelee

* *1 l frischer Johannisbeersaft*
* *1 kg Gelierzucker 1:1 oder 500 g Gelierzucker 1:2*

Heißer Johannisbeerpunsch an kalten Tagen

Wasser mit Sirup erhitzen, Zitronensaft zugeben und nach Wunsch mit 2 cl Rum verfeinern.

Johannisbeerpunsch

* *200 ml Wasser*
* *100 ml Johannisbeersirup*
* *Saft einer Zitrone*
* *2 cl Rum*

Die Jostabeere ist eine noch relativ junge Züchtung aus schwarzen Johannisbeeren und Stachelbeeren. Jostasträucher sind sehr robust, stachellos und wuchsfreudig und auch die einzelnen Beeren sind größer als gewöhnliche Johannisbeeren.

Josta-Stachelbeer-Sirup

- Beeren waschen und vom Laub befreien, mit Zimtstange und Nelken ca. 1 Stunde in einem Topf mit dem Wasser kochen.

- Mischung in ein Sieb füllen, abtropfen lassen und den Trester auspressen. Den gewonnenen Saft eventuell noch durch ein feuchtes Tuch oder einen Dauerkaffeefilter filtrieren und abmessen.

- Auf 1 l Saft ca. 1 kg Zucker geben, Mischung erhitzen und bei schwacher Hitze etwas einkochen lassen. Den Sirup heiß in vorgewärmte Flaschen füllen und gut verschließen.

Josta-Stachelbeersirup

- *2 kg Josta-, Johannis- und Stachelbeeren gemischt*
- *1 Zimtstange*
- *4 Gewürznelken*
- *500 ml Wasser*
- *1,5 kg Zucker*

Stachelbeeren gedeihen sehr gut in Mischkultur mit Johannisbeersträuchern. Sie tragen manchmal so üppig, dass sie fast an ihren eigenen Früchten zusammenbrechen. In diesem Fall ernten Sie lieber einen Teil der halbreifen Früchte und kochen einen Sirup oder Gelee daraus. So erhalten Sie später große und schön ausgereifte, süße Beeren, die Sie roh genießen können. Ungekocht wirken Stachelbeeren verdauungsfördernd und blutreinigend.

Aufgrund ihrer frühen Blüte im April/Mai sind Kirschen stark frostgefährdet. Die süßen Knorpel- und Herzkirschen sind empfindlicher als die später blühenden Sauerkirschen. Diese überstehen auch feuchtkühle Sommer und tragen reiche Ernte, solange sie keine Staunässe an den Wurzeln verkraften müssen. Sauerkirschen eignen sich dank ihres hohen Gehalts an Fruchtsäure gut zur Saft- und Sirupherstellung. Möchte man Süßkirschen saften, sollte man säurereiche und aromatische Fruchtsäfte wie Johannisbeersaft beimischen.

Kirschsaft aus Schattenmorellen

Bei der Benutzung eines Dampfentsafters müssen die gewaschenen Kirschen nicht entsteint werden. Kirschen für 45 Minuten im Dampfentsafter kochen, Saft auffangen.

In einem großen Topf auf 1 l Kirschsaft ca. 200 g Zucker geben. Das Saft-Zucker-Gemisch erhitzen, bis der Zucker gelöst ist, den heißen Saft in vorgewärmte Flaschen füllen.

Tipp > Der regelmäßige Genuss von Sauerkirschsaft soll das Risiko von Herz-Kreislauf-Erkrankungen vermindern.

Kirschsaft aus Schattenmorellen

* *4 bis 5 kg Sauerkirschen*
* *800 bis 1000 g Zucker*

Kirschkernsäckchen

Ca. 500 g Kerne säubern, trocknen und in ein hübsches Säckchen aus Baumwolle (ca. 20 x 25 cm) füllen. Die Öffnung zunähen und schon ist Ihr Kirschkernsäckchen einsatzbereit: Erwärmen Sie es in der Mikrowelle oder im Backofen und verwenden Sie es bei Gelenk- oder Bauchschmerzen wie eine Wärmflasche. Es wirkt entspannend und krampflösend.

Tipps > Kirschkerne enthalten giftige Blausäure-Glykoside. Achten Sie bei der Verarbeitung darauf, die Kerne nicht zu zerstören!

> Kirschkerne zum Säubern mit etwas Spülmittel einmal aufkochen und anschließend in einem Säckchen mit bloßen Händen durchkneten, bis sich das restliche Fruchtfleisch gelöst hat. Die Kerne noch einmal spülen und anschließend in der Sonne trocknen.

Es gibt Apfelquitten und Birnenquitten. Beide werden heute leider wesentlich seltener im Handel angeboten als noch vor einigen Jahren. Grund dafür ist der Feuerbrand, der die Quittenbäume häufig befällt. Greifen Sie zu, wenn Sie Quitten auf dem Markt sehen. Bevor die Früchte weiterverarbeitet werden, können sie getrost noch einige Zeit als duftende Dekoration in der Wohnung liegen.

Quittensirup

Quitten trocken abreiben, waschen, Blüte und Stiel entfernen, in Stücke schneiden und mit Wasser ca. 20 Minuten weich kochen, anschließend durch ein Tuch passieren.

Saft mit Zucker aufkochen, Gewürze beigeben, kurz ziehen lassen und vor dem Abfüllen wieder entfernen, heiß in vorgewärmte Flaschen füllen.

Tipps

> Vor der Verarbeitung sollten die Früchte gründlich mit einem Tuch abgerieben werden, um die pelzigen Haare zu entfernen. Sie enthalten störende Bitterstoffe.

> Die äußerst harten Früchte müssen nicht geschält werden, auch die Kerne können mitgekocht werden.

Quittensirup

* *1,5 kg Quitten*
* *1 l Wasser*
* *700 g Zucker*
* *Gewürze nach Wahl: 1 Pfefferminzzweig oder 4 Kardamomkapseln oder 1 Zimtstange*

Den frischen Quittensirup können Sie gleich zu Gelee weiterverarbeiten

Den frisch passierten Quittensaft und den Apfelsaft abmessen, mit Gelierzucker und Gewürzen in einen Topf geben, verrühren und 3 Minuten aufkochen lassen.

Noch heiß in vorgewärmte Marmeladengläser einfüllen und gut verschließen.

Tipp

> Um den Geschmack weiter zu verfeinern, können Sie vor dem Abfüllen einen Schuss Apfel-Quitten-Likör zum heißen Gelee geben.

Quitten-Apfel-Gelee

* *1 l Quittensaft*
* *500 ml Apfelsaft*
* *1200 g Gelierzucker 1:1*
* *Zimtstange oder Vanillestange*

Gemüsesäfte eignen sich hervorragend zur Begleitung einer Fastenkur. Vor Beginn des Fastens sollten Sie Ihren Körper langsam einstimmen und mindestens einen Tag lang wenig essen, sich dabei aber gemüse- und obstreich ernähren.

Zu Beginn des eigentlichen Fastens eignet sich Krautsaft zur Darmentleerung – ein Glas am Tag reicht hierfür meistens aus. An den folgenden Fastentagen trinken Sie täglich 1 l Gemüsesaft und mindestens 1,5 bis 2 l Tee oder Mineralwasser zusätzlich, um Ihren Körper richtig zu entschlacken. Möchten Sie das Fasten beenden, beginnen Sie langsam mit Schonkost: Genießen Sie den sensibilisierten Geschmackssinn und lassen Sie Ihrem Körper Zeit für die Umstellung.

Krautsaft mit Möhren und Äpfeln

Kraut halbieren, den harten Strunk entfernen, waschen, in grobe Stücke schneiden und in der Zentrifuge entsaften. Möhren waschen, der Länge nach vierteln und entsaften. Äpfel waschen, vierteln, Kerngehäuse und Stielansätze entfernen und ebenfalls in der Zentrifuge entsaften. Säfte mischen und nach Bedarf mit einem Schuss Sahne verfeinern.

Tipp

> Aus 1 kg Weißkraut kann man ca. 700 ml Krautsaft gewinnen.

> Der im Handel angebotene Sauerkrautsaft wird gewonnen, indem der frisch gepresste Krautsaft milchsauer vergoren wird.

Krautsaft mit Möhren und Äpfeln

- *500 g Weißkraut*
- *250 g Möhren*
- *500 g Äpfel*

Multi-Gemüsesaft

Gemüse waschen, Rote Bete und Möhren schälen, alles in Streifen schneiden und im Entsafter entsaften. Nach Geschmack mit Salz und Kräutern würzen.

Multi-Gemüsesaft

- *500 g Rote Bete*
- *50 g Möhren*
- *200 g Staudensellerie*
- *Petersilie*

Powerdrink

Gurke und Tomaten waschen, in grobe Stücke schneiden und mit der geschälten Zwiebel in der Saftzentrifuge entsaften. Mit Salz, Pfeffer und Oregano würzen. Sofort servieren.

Powerdrink

- *1 Salatgurke*
- *500 g Tomaten*
- *1 Zwiebel*
- *Salz*
- *Pfeffer*
- *Oregano*

Waldorfsaft

Die Zutaten geschält und entkernt wiegen, in Stücke zerkleinern, in der Saftzentrifuge entsaften und sofort servieren.

Waldorfsaft

- *700 g Äpfel*
- *450 g Kürbis*
- *500 g Karotten*
- *300 g Stangensellerie*

Kennen Sie den Unterschied zwischen Möhren und Karotten? Die langen, orangeroten Sorten werden Möhren genannt – die kleinen, rundlichen bezeichnet man als Karotten. Beide enthalten viel Carotin, das sich im menschlichen Körper zu wertvollem Vitamin A verwandelt, sofern Fett oder Sahne dazu gegessen wird. Ausnahmsweise ist das rohe Gemüse weniger gesund als das gegarte: Die Beta-Carotin-Aufnahme steigt bei gekochten Karotten auf das 20-Fache an! Dennoch: Frisch gepresster Karottensaft regt den Appetit an und stärkt Immun- und Nervensystem.

Frischer Karottensaft

Karotten putzen, längs halbieren und mit den gewaschenen Kräutern ein Sträußchen bilden. Die Kräuter werden besser entsaftet, wenn man sie mit Möhrenspalten umhüllt in den Entsafter gibt. Den Saft anschließend mit Sahne verrühren.

Frischer Karottensaft

für ca. 200 bis 300 ml

- *1500 g Karotten*
- *1 bis 2 Zweige Petersilie*
- *30 ml süße oder saure Sahne*

Karottensaft

Karotten waschen, Enden abschneiden, der Länge nach halbieren. In der Saftzentrifuge entsaften, Schaum abschöpfen und Saft durch ein Tuch filtrieren.

In einem Topf erhitzen, auf Wunsch Zitronensaft zugeben, aufkochen, heiß in kleine Flaschen füllen, gut verschließen und kühl lagern. Den schaumigen Saft sofort trinken.

Karottensaft

- *1 kg Karotten*
- *1 bis 2 EL Zitronensaft*

Karotten-Ananas-Saft

Karotten waschen, vom Stielansatz befreien, längs halbieren. Mehrere hauchdünne Scheiben Ananas mit Schale und Blättern abschneiden und als Glasdekoration zur Seite legen. Ananas dünn schälen und mit Strunk in Scheiben schneiden. Die vorbereiteten Zutaten durch den Entsafter treiben, in Gläser füllen, mit Ananasscheiben dekorieren und sofort servieren.

Karotten-Ananas-Saft

- *300 g Karotten*
- *½ Ananas*

Zwergensaft: Karotten-Orangen-Apfel-Saft

Gewaschene Karotten und Äpfel in der Saftzentrifuge entsaften. Orangen und Zitronen von Hand auspressen, Säfte mischen, abmessen und mit 100 g Zucker je 1 l Saft süßen. Aufkochen und heiß in vorgewärmte Flaschen abfüllen.

Zwergensaft: Karotten-Orangen-Apfel-Saft

- *2 kg Karotten*
- *1,5 kg Orangen*
- *1 kg Äpfel*
- *2 Zitronen*
- *100 g Zucker je 1 l Saft*

Genau genommen gehört Rhabarber zu den Knöterichgewächsen und ist somit ein Gemüse. Er wirkt abführend und appetitanregend, hat jedoch einen extrem hohen Oxalsäureanteil. Die Säure hemmt die Aufnahme von Kalzium im Körper.

*Verwenden Sie vom Rhabarber ausschließlich die Stängel, die Sie am besten schälen. Seine Blätter und Wurzeln sind **giftig**! Schneiden Sie während der Erntezeit (April bis Juni) die Blütenansätze ab, damit die Pflanze mehr Blätter treibt, und ernten Sie den Rhabarber nicht mehr nach dem Johannistag am 24.6., da der Gehalt an Oxalsäure im Sommer zu hoch ansteigt.*

Rhabarbersaft

Rhabarber waschen und schälen, klein schneiden und mit Zimtstangen im Dampfentsafter ca. 45 Minuten entsaften. Den Zucker vor dem Entsaften über die Rhabarberstücke geben, dann ist der heiß gezapfte Saft sofort abfüllbereit. Möchten Sie noch Gelee herstellen, sollten Sie erst nach dem Entsaften zuckern.

Den Saft nochmals erhitzen, bis der Zucker sich gelöst hat, und noch heiß in vorgewärmte Flaschen füllen.

Rhabarbersaft im Dampfentsafter

- *4 bis 5 kg Rhabarber*
- *2 Stangen Zimt*
- *1 kg Zucker*

Rhabarber-Bananen-Saft

Rhabarber waschen, schälen und klein schneiden, Bananen schälen und in Scheiben schneiden. Beides mit Wasser in einen Schnellkochtopf geben, Deckel schließen, nach Vorschrift abdampfen und bis zum obersten Ring heizen. Herd ausschalten, Kochtopf aber darauf stehen lassen.

Nach 1 bis 2 Stunden öffnen und Sud durch ein Tuch filtrieren. Saft abmessen und 150 g Zucker je 1 l Saft zugeben, kurz aufkochen und heiß in vorgewärmte Flaschen füllen.

Rhabarber-Bananen-Saft

- *1 kg Rhabarber*
- *500 g Bananen*
- *500 ml Wasser*
- *150 g Zucker je 1 l Saft*

Rhabarber-Erdbeer-Saft

Rhabarber waschen, schälen und in kleine Stücke schneiden. Mit Hagebutten 15 Minuten im Dampfentsafter entsaften. In der Zwischenzeit Erdbeeren waschen, halbieren, dazugeben und weitere 30 Minuten entsaften.

Den gewonnenen Saft abmessen und 300 bis 350 g Zucker je 1 l Saft zugeben. Saft mit Zucker in einem großen Topf erhitzen, bis der Zucker sich gelöst hat, und heiß in vorgewärmte Flaschen füllen.

Rhabarber-Erdbeer-Saft

- *2,5 kg Rhabarber*
- *2 EL Hagebuttenschalen, getrocknet*
- *1,5 kg Erdbeeren*
- *ca. 800 g Zucker*

Tomaten sind mit Kartoffeln, der Engelstrompete und dem Tabak verwandt. Neben 95 Prozent Wasser enthalten die »Liebesäpfel« die Vitamine A, B_1, B_2, C, E, Niacin und Mineralstoffe – besonders Kalium und Spurenelemente. Der rote Farbstoff Lycopin stärkt die Abwehr und senkt das Risiko bestimmter Krebserkrankungen.

Frischer Tomatensaft

Tomaten vom grünen Stielansatz befreien, pürieren, mit den Gewürzen abschmecken und sofort servieren.

Frischer Tomatensaft

- *800 g reife Tomaten*
- *Salz, Pfeffer*
- *Saft einer Zitrone*
- *2 EL gehackte Petersilie*
- *1 bis 2 EL Basilikum*

Tomaten-Kürbis-Saft

Das klein geschnittene Kürbisfleisch abwechselnd mit den gewaschenen Tomaten in die Saftzentrifuge geben und entsaften. Sofort abfüllen und nach Wunsch mit Salz und Pfeffer abschmecken.

Tomaten-Kürbis-Saft

- *400 g Hokkaidokürbisfleisch*
- *200 g gelbe Tomaten*
- *Salz*
- *Pfeffer*

Tomatenketchup

Tomaten waschen, entstielen und in kleine Stücke schneiden. In einem weiten Topf bei mäßiger Hitze zum Kochen bringen und mit einem Pürierstab zerkleinern. Bei kleiner Flamme köcheln lassen, nach ca. 10 Minuten den Herd ausschalten und den Topf ohne Deckel über Nacht stehen lassen.

Am nächsten Tag die wässerige Tomatenflüssigkeit vorsichtig abschöpfen und die gepressten Knoblauchzehen, Gewürze, Zucker und Essig zum eingedickten Rest geben. Das Tomatenmus erhitzen und unter Rühren 20 Minuten bei großer Hitze einkochen. Wer nicht so lange rühren möchte, stellt den Topf mit dem kochenden Mus bei 150 °C in den Backofen, bis die Konsistenz sämig ist.

Das Ketchup durch eine Flotte Lotte oder ein Sieb streichen, Agar-Agar zugeben, nochmals kurz aufkochen, heiß in Gläser füllen und gut verschließen.

Tomatenketchup

- *2 kg reife, rote Tomaten*
- *2 Knoblauchzehen*
- *6 Nelken*
- *1/2 EL Piment*
- *1/2 TL Zimt*
- *2 Lorbeerblätter*
- *1 TL Ingwer*
- *EL weiße Pfefferkörner*
- *1 bis 2 EL Salz*
- *3 EL Zucker*
- *500 ml Weinessig*
- *1 TL Geliermittel (Agar-Agar)*

Entspannungssirup

Wasser mit Zucker aufkochen, bis der Zucker gelöst ist.

Kräuter abwiegen, im Mörser zerstoßen, in eine 0,5-l-Flasche füllen, mit heißem Zuckerwasser aufgießen. Flasche gleich dicht verschließen und 2 bis 3 Wochen an einem warmen Ort ruhen lassen. Die Flaschen nicht öffnen, nur ab und zu die Gewürze aufschütteln.

Den Ansatz danach durch ein Sieb abseihen und nach Bedarf süßen. Auf 80 °C erhitzen und heiß in kleine Fläschchen füllen.

Tipps > Zum Entspannen oder Beruhigen, als Zusatz für Tee oder Milch am Abend.

> Variation: Hopfen, Orangenblüten oder -schalen, Zitronenmelisse, Waldmeister, Rosenblüten, Eisenkraut

Entspannungssirup aus getrockneten Kräutern

* *400 ml Wasser*
* *400 g Zucker (mit Kandiskrümeln gemischt)*
* *1 g Baldrianwurzel*
* *5 g Lavendel*
* *5 g Minze*
* *2 g Johanniskraut*

Entspannendes Kräuterkissen

Die getrockneten Kräuter in einer Schüssel mischen, in einen kleinen Kissenbezug (ca. 20 x 20 cm) füllen und zunähen. Bei Bedarf abends unter das Kopfkissen oder neben das Bett legen.

Bei Duftpotpourri-Schalen können noch dekorative Orangenschalen hinzugegeben werden.

Kräuterkissen

* *6 EL Hopfenzapfen*
* *6 EL ZItronenmelisse/ Minze*
* *4 EL Lavendelblüten*
* *4 EL Rosenblüten, ungespritzt*
* *4 EL Beifuß*
* *3 EL Johanniskraut*
* *3 EL Orangenblüten*
* *1 TL Baldrianwurzel*
* *2 EL Kümmel*

Erkältungssirup aus Lindenblüten

Den Ansatz 1 bis 3 Tage lang ziehen lassen, abseihen, auf 80 °C erhitzen und in vorgewärmte Flaschen abfüllen.

Tipp > Bei Erkältung in den Tee geben.

Erkältungssirup

* *60 g frische Lindenblüten*
* *2 l Wasser*
* *60 g Apfelsüße*
* *750 g Zucker*
* *10 g Zitronensäure*

Die Hundsrose, auch Heckenrose genannt, gehört zu den verbreiteten Rosen in Europa. Ihre Früchte – die frischen Hagebutten – enthalten weitaus mehr Vitamin C als die meisten anderen Obstsorten, aber auch viel Gerbsäure, die sich positiv auf die Behandlung von Magen- und Darmbeschwerden auswirkt. Hagebutten wirken mild abführend. Die Zubereitung von Marmelade ist extrem zeitaufwendig, da die Borstenhaare im Innern der Hagebutten entfernt werden müssen – sie sind früher gerne als Juckpulver eingesetzt worden.

Hagebuttensirup

Die frisch gepflückten Hagebutten waschen, in einen Gefrierbeutel geben und mit dem Wellholz darüber rollen. Nun die Hagebutten einzeln von den restlichen Blütenansätzen und Stielen befreien.

Die zerdrückten Früchte mit dem Wasser am besten in einen Schnellkochtopf geben und 15 Minuten kochen. Den Schnellkochtopf vor dem Öffnen abkühlen lassen, so wird auch das milde Vanillearoma der Hagebuttenkerne in den Sirup gelangen.

Fruchtmus durch ein Sieb seihen und gegebenenfalls noch durch ein Tuch filtern, um es dann mit dem Zucker zu einem Sirup einzukochen. Den heißen Sirup in kleine, vorgewärmte Flaschen abfüllen.

Hagebuttensirup

- *1 kg reife Hagebutten*
- *1 l Wasser*
- *600 g Zucker*

Rosen-Minzen-Sirup

Wasser erhitzen, in eine Schüssel gießen und die sauberen Rosenblüten einlegen, nach 10 Minuten die gewaschenen Minzeblättchen zugeben.

Den Ansatz abdecken und über Nacht stehen lassen.

Am nächsten Tag Rosen- und Minzenblätter durch ein Tuch abseihen, gut ausdrücken und abmessen. Den Saft mit 200 g Zucker aufkochen und heiß in kleine Flaschen füllen.

Rosen-Minzen-Sirup

- *500 ml Wasser*
- *60 g Rosenblüten, ungespritzt*
- *10 g Minzen (Spear-, Basilikum-, Schokominze)*
- *200 g Zucker*

Holunder ist in ländlichen Gegenden häufig in der Nähe von Wohnhäusern oder Stallungen anzutreffen. Früher glaubte man, im Holunder würden Hausgötter wohnen, die Mensch und Vieh beschützen. Folglich war der Holunderbusch heilig und durfte nicht grundlos gefällt werden. Die Blätter, die Samen der Beeren und die Rinde enthalten das Gift Sambunigrin, das Erbrechen und Durchfall auslöst. Beim Erhitzen wird das Gift jedoch zerstört. Ein Tee hilft bei Erkältungs- und Infektionskrankheiten.

Holunderblütensirup – der Klassiker

Die sauberen Holunderblüten von den dicken Stielen befreien, da sie bittere Geschmackstoffe enthalten, und in ein großes Gefäß legen.

500 ml Wasser erhitzen und 500 g Zucker darin auflösen, abkühlen lassen und die restliche Wassermenge zugeben.

Die in Scheiben geschnittene Zitrone auf die Holunderblüten legen und mit dem Zuckerwasser übergießen.

Den Ansatz 1 bis 3 Tage warm aufstellen. Je länger er steht, umso intensiver wird der Geschmack. Anschließend abseihen, kurz mit dem restlichen Zucker erhitzen und heiß in vorgewärmte Flaschen füllen.

Tipps

> Verdünnt mit Mineralwasser – ein erfrischendes Getränk für heiße Sommertage.

> Mit kochendem Wasser und Honig wirkt der Sirup gut gegen Grippe.

Holunderblütensirup – der Klassiker

- *5 bis 10 Holunderblüten*
- *1,5 l Wasser*
- *1 kg Zucker*
- *1 ungespritzte Zitrone oder 10 g Zitronensäure*

Sommernachtstraum

Dieser aromatische Drink erfrischt und kann mit Sekt oder Mineralwasser variiert werden.

Sirup mit Likör und Limonensaft mischen, in eine Karaffe füllen, zerstoßene Eiswürfel und Mineralwasser zugeben und mit Limonenscheiben dekorieren.

Sommernachtstraum

- *40 ml Holunderblütensirup*
- *10 ml Zitronenlikör*
- *Saft und Scheiben einer ungespritzten Limone*
- *Zerstoßenes Eis*
- *Mineralwasser mit Kohlensäure*

Holundersaft

Holunderbeeren im Dampfentsafter mit Zucker entsaften, heiß in vorgewärmte Flaschen füllen.

Tipp > Holundersaft lässt sich gut mit Apfelsaft mischen.

Holundersaft

- *2 kg Holunderbeeren*
- *700 bis 1000 g Zucker*

Holunderpunsch

Zutaten erhitzen, aber nicht kochen, und nach Bedarf süßen. Hilft bei Erkältungen.

Holunderpunsch

- *500 ml Holundersaft*
- *500 ml Apfelsaft*
- *1 Zimtstange*
- *2 bis 3 Gewürznelken*
- *Honig*

Holundergesichtswasser

duftet sehr mild und edel und gibt eine samtige Haut

Holunderblüten im Wasser aufkochen, 10 Minuten mit geschlossenem Deckel ziehen lassen und durch ein Sieb abseihen

Mit dem Rosenwasser mischen und etwas Flieder- oder Veilchenessig zugeben.

Tipp > Wenn Sie Holunderblätter lagenweise mit Äpfeln in eine Kiste schichten, bleiben die Äpfel länger frisch.

Holundergesichtswasser

- *1 g Holunderblüten, getrocknet*
- *125 ml destilliertes Wasser*
- *125 ml Rosenwasser*
- *1 TL Flieder- oder Veilchenessig*

Die Indianernessel, auch Goldmelisse genannt, ist mit ihren auffälligen roten, fliederfarbenen oder weißen Blüten der Blickfang in jedem Kräutergarten. Sie kann eine stattliche Höhe von 150 cm erreichen und ist mit feuchten, humusreichen Böden in halbwegs sonniger Lage zufrieden. Die Goldmelisse war ursprünglich eine in Amerika beheimatete wichtige Heilpflanze der Indianer. Die Blüten wurden nicht nur bei Erkältungen und Kopfschmerzen, sondern auch bei Schlaflosigkeit und Melancholie eingesetzt.

Hustensirup mit Maiwipfeln

- Die jungen Austriebe Mitte/Ende Mai pflücken, klein schneiden, mit den Gewürzen und dem Wasser ansetzen, 30 Minuten köcheln lassen.

- Den Sud abkühlen lassen und nach 3 Stunden erneut aufkochen. Erneut abkühlen, durch ein Sieb abseihen.

- Pro halbem Liter Sud 300 g Zucker und etwas Zitronensaft zugeben, aufkochen und in vorbereitete kleine Flaschen füllen.

Tipps

> Bei Halsentzündungen, Husten und Bronchialkrankheiten 2 bis 3 EL pur oder im Tee einnehmen.

> Fichtennadelhonig bei Erkältungen: Frische Fichtentriebe abwechselnd mit Honig in ein Glas schichten und verschließen. Das Glas an einem sonnigen Fenster stehen lassen, bis sich der Honig verflüssigt hat, dann abseihen, kühl lagern.

Hustensirup mit Maiwipfeln

* *200 g frische Tannen- oder Fichtenspitzen*
* *5 g Anis*
* *5 g Fenchel*
* *5 g Dill*
* *5 g Salbei*
* *500 ml Wasser*
* *300 g Zucker*
* *Zitronensaft*

Leuchtend roter Indianernesselsirup

- Wasser mit 500 g Zucker erhitzen, bis der Zucker gelöst ist, und warm über die sauberen Blüten und Blätter im Ansatzgefäß gießen.

- Zitronensäure dazugeben und 1 bis 3 Tage stehen lassen.

- Anschließend abseihen, mit dem restlichen Zucker erhitzen und heiß in vorgewärmte Flaschen füllen.

Indianernesselsirup

* *1,5 l Wasser*
* *1 kg Zucker*
* *2 Handvoll frische Blüten der Indianernessel*
* *1 kleine Handvoll Blätter*
* *20 g Zitronensäure*

Kornelkirschen blühen bereits im zeitigen Frühjahr, oft schon im Februar, und sind somit eine wichtige Bienenweide. Die anspruchslosen Sträucher eignen sich hervorragend für eine Naturhecke. Kornelkirschen reifen im Hochsommer und sollten wegen ihres hohen Gerbstoffgehalts vor dem Verzehr gekocht werden. Die Kerne verwendete man früher für billige Rosenkränze, geröstet wurden sie zum Kaffee-Ersatz umfunktioniert.

Kornelkirschsirup

Die sauberen Kornelkirschen in einen großen Topf geben, mit Wasser übergießen und mit der Vanilleschote weich kochen. Die Früchte während des Kochens mit einem Kartoffelstampfer quetschen.

Sud über Nacht stehen lassen, am nächsten Morgen erneut aufkochen und den Saft anschließend in einem Sieb abtropfen lassen.

Zucker zugeben, das Gemisch kurz aufkochen lassen, bis sich der Zucker gelöst hat, noch heiß in vorgewärmte saubere Flaschen füllen und dicht verschließen.

Tipp > Sie können den Sirup auch mit anderen Beeren (z.B. Hagebutten) gemischt herstellen. Hierfür die Hagebutten von Stiel und Blütenansatz befreien, mit Kornelkirschen aufkochen und dann wie oben beschrieben weiter verfahren.

Kornelkirschsirup

* *2 kg Kornelkirschen*
* *1 Vanilleschote*
* *1,2 kg Zucker*

Vitaminreicher Wildfrüchtesaft

Kornelkirschen, Holunderbeeren und Ebereschen waschen und mit Stielansätzen in den Dampfentsafter einfüllen, Hagebutten waschen, vom Stiel- und Blütenansatz befreien und ebenfalls in den Dampfentsafter einfüllen.

Früchte 45 Minuten entsaften, den Saft abmessen und auf 1 l Saft 300 g Zucker geben.

Den Saft in einem Topf mit dem Zucker erhitzen, bis sich der Zucker gelöst hat, und in vorgewärmte Flaschen abfüllen.

Wildfrüchtesaft

* *500 g Kornelkirschen*
* *500 g Holunderbeeren*
* *100 g Ebereschen*
* *400 g Hagebutten*

Im eigenen Garten sind die »Kuhblumen« oft lästiges Unkraut. Das kann sich ändern: Frisch gepresster Löwenzahnsaft kann für eine Verjüngungskur der Haut sorgen, regt die Gallen-, Nieren- und Lebertätigkeit an und bringt den ganzen Organismus in Schwung. Die Wurzeln werden im Frühjahr oder Herbst ausgegraben, die Blüte im April/Mai und das Kraut von März bis November geerntet.

Löwenzahn-Karotten-Saft

Löwenzahn-Karotten-Saft

- *3 bis 4 Karotten*
- *2 Handvoll grüne Löwenzahnblätter*

Karotten waschen, längs halbieren und zusammen mit dem gewaschenen Löwenzahn bündelweise in den Entsafter geben. Sofort servieren.

Tipp > Variieren Sie den Drink mit Äpfeln, Orangen oder mixen Sie etwas Buttermilch darunter.

Löwenzahnsirup (Kaltauszug)

Löwenzahnsirup (Kaltauszug)

- *150 g Löwenzahnblüten*
- *750 ml Wasser*
- *Saft einer Zitrone*
- *600 g Zucker*

Die gelben Blütenblätter von den grünen Körbchen trennen, da die grünen Teile bitter schmecken. Blüten mit kaltem Wasser übergießen, Zitronensaft zugeben und 1 bis 2 Tage ziehen lassen.

Durch ein Sieb abseihen, kurz mit dem Zucker aufkochen, abschäumen und heiß in vorgewärmte Flaschen füllen.

Tipp > Je länger der Ansatz zieht, umso kräftiger das Aroma – aber umso größer auch das Risiko der Schimmelbildung, dem Sie durch Zugabe von Zitronensäure oder Zitronensaft vorbeugen können.

Löwenzahnsirup (Heißauszug)

Löwenzahnsirup (Heißauszug)

- *200 g Löwenzahnblütenköpfe (entsprechen ca. 100 gelben Löwenzahnblütenblättern)*
- *500 ml kochendes Wasser*
- *750 ml kaltes Wasser*
- *2 g Zitronensäure*
- *600 g Zucker*

Löwenzahnblüten von den grünen Blättern befreien.

Das kochende Wasser mit dem kalten mischen, Blütenblätter zufügen und den Ansatz 2 Stunden ziehen lassen.

Blüten abseihen und gut auspressen, Zitronensäure hinzufügen und kurz mit Zucker aufkochen. Sofort in heiß ausgespülte Flaschen füllen und gut verschließen.

Mädesüß ist eine heimische Wildpflanze. Ihre cremefarbenen Blüten duften süßlich nach Mandeln und Honig und verwandeln feuchte Uferwiesen von Juni bis August in ein weißes Blütenmeer. Seinen Namen erhielt das Mädesüß durch die Verwendung bei der Herstellung von Honigmet. Mädesüß enthält Acetyl-Spiraein-Säure und war ursprünglich der Ausgangsstoff für Aspirin.

Mädesüßsirup

Mädesüßsirup

- *1 kg Zucker*
- *1 l Wasser*
- *50 g Mädesüßblüten*
- *10 g Zitronensäure*

- Den Zucker in heißem Wasser auflösen und über die sauberen Mädesüßblüten gießen.
- Die Zitronensäure unterrühren und den Ansatz zugedeckt 1 bis 3 Tage ziehen lassen.
- Den Sud abfiltrieren, kurz auf 80 °C erhitzen und noch heiß in vorgewärmte Flaschen füllen.

Tipp > Gerne tummeln sich kleine Käfer in den Blüten. Breiten Sie die Blüten auf einem Tisch im Freien aus und warten Sie eine Stunde. Die Tiere krabbeln weg.

Tee aus Mädesüßblüten

- 1 bis 2 TL Blüten mit 250 ml kochendem Wasser übergießen und 10 Minuten ziehen lassen.

Tipps > Geschwollene Füße und Beine können durch ein Fußbad aus starkem Mädesüßtee wirkungsvoll entspannen.

> Ein Tee aus Blüten und Blättern soll bei Kopfweh, rheumatischen Beschwerden und Infektionskrankheiten helfen.

Alkoholfreier Magenbitter

- Kräuter abwiegen und im Mörser zerstoßen.

- Wasser mit Zucker aufkochen, bis der Zucker aufgelöst ist, Kräuter zugeben, kurz ziehen lassen, heiß in eine vorgewärmte 0,5-l-Flasche füllen und gut verschließen.

- 2 bis 3 Wochen an einem warmen Ort ruhen lassen, die Flasche nicht öffnen, sondern nur ab und zu aufschütteln.

- Anschließend öffnen, den Ansatz durch ein Sieb abseihen und nach Bedarf nachsüßen.

- Den Sirup erhitzen und noch heiß in vorgewärmte kleine Fläschchen abfüllen.

Tipps

> Angebrochene Sirupflaschen sollten unbedingt im Kühlschrank gelagert werden, so bleiben sie einige Wochen frisch.

> Sammeln Sie für diesen Sirup kleine Schnaps- oder Likörfläschchen zum Abfüllen. So haben Sie auch unterwegs immer einen alkoholfreien Verdauungstrunk parat.

> Getrocknete Kräuter lassen sich am besten mit einer Brief- oder Apothekerwaage abwiegen.

Alkoholfreier Magenbitter aus getrockneten Kräutern

- *4 g Anis*
- *2 g Fenchel*
- *4 g Kümmel*
- *4 g Angelikawurzel*
- *2 g Thymian*
- *2 g Enzianwurzel*
- *2 g Pfefferminze*
- *2 g Tausendgüldenkraut*
- *2 Wacholderbeeren*
- *250 ml Wasser*
- *350 g Zucker oder brauner Kandiszucker*

Die unscheinbar blühende Melisse wächst selbst an halbschattigen Standorten sehr üppig und duftet beim Berühren der Blätter angenehm nach Zitrone. Ernten Sie die Blätter am besten vor der Blüte, die von Juni bis August reicht. Durch regelmäßiges Zurückschneiden der Pflanze können Sie die Blüte verzögern und erhöhen nebenbei auch noch ihre Wuchsfreude. Das ätherische Öl vertreibt Kopfweh, rheumatische Schmerzen und wirkt ausgleichend bei psychischen Problemen.

Melissensirup

Die sauberen Blätter von den Stängeln abstreifen. Die Hälfte des Zuckers im heißen Wasser auflösen, den Sud auf ca. 40 °C abkühlen lassen und die Melissenblätter übergießen.

Die in Scheiben geschnittenen Zitronen zugeben und 1 bis 3 Tage zugedeckt stehen lassen.

Anschließend abseihen, mit restlichem Zucker aufkochen und in vorgewärmte Flaschen abfüllen.

Melissensirup

- *2 große Bund Zitronenmelisse*
- *1 l Wasser*
- *1 kg Zucker*
- *2 ungespritzte Zitronen*

Melissen-Minzen-Sirup

750 ml Wasser aufkochen, mit 250 ml kaltem Wasser mischen, die klein geschnittenen Kräuter und 10 g Zitronensäure hinzugeben.

Den Ansatz über Nacht stehen lassen, danach durch ein Sieb seihen.

Je Liter Kräutersud 700 g Zucker zugeben, in einem Topf auf 80 °C erhitzen und noch heiß in Flaschen füllen.

Tipp > Mit eisgekühltem Mineralwasser ein erfrischendes Getränk an heißen Tagen.

Melissen-Minzen-Sirup

- *Ca. 50 g Minzen (Zitronenmelisse, verschiedene Minzen, z. B. Pfeffer-, Spear-, Basilikum-, japanische Minze, ...)*
- *Etwas Zitronenverbene nach Belieben*
- *10 g Zitronensäure*
- *700 g Zucker je 1 l Wasser*

Frisch gepflückter Waldmeister riecht überhaupt nicht. Erst nach mehreren Stunden bildet sich in den welkenden Blättern das angenehm duftende Cumarin. Wichtig: Cumarin ist bei Überdosierung giftig und führt zu Übelkeit, Erbrechen und Schwindelanfällen. ***Unbedingt nur das noch nicht blühende Kraut verwenden!***

Verdauungssirup für Kinder

Gewürze im Mörser zerstoßen, Kräuter klein schneiden. Aus Wasser und Zucker einen Sirup kochen. Den heißen Sirup über die Kräuter-Gewürzmischung gießen, warm in eine vorgewärmte 0,5 l Flasche füllen, gut verschließen.

2 bis 3 Wochen an einem warmen Ort ruhen lassen. Flasche nicht öffnen, nur ab und zu aufschütteln. Anschließend öffnen, den Ansatz durch ein Sieb abseihen und nach Bedarf noch süßen. Auf 80 °C erhitzen und heiß in kleine Fläschchen füllen.

Tipp > Bei Verdauungsbeschwerden oder Blähungen mehrmals täglich 1 EL in Tee geben und schluckweise trinken.

Verdauungssirup für Kinder aus getrockneten Kräutern

- *5 g Anis*
- *3 g Fenchel*
- *5 g Kümmel*
- *5 g Kamille*
- *5 g Pfefferminze getrocknet*
- *5 g Süßholz*
- *400 ml Wasser*
- *400 g Krümelkandiszucker*

Waldmeistersirup mit Safran

Frischen Waldmeister kurz waschen, abtupfen, zum Trocknen auslegen oder zu einem Sträußchen binden.

Nach 2 bis 24 Stunden Welkzeit weiterverarbeiten: Kochendes Wasser mit dem kalten zusammenschütten, Safran darin auflösen, Waldmeister hinzufügen und das Ganze je nach gewünschter Geschmacksintensität 2 bis 3 Stunden ziehen lassen. Den Ansatz abseihen, kurz mit dem Zucker aufkochen, noch heiß in vorgewärmte Flaschen füllen und gut verschließen.

Tipp > Durch den Safran bekommt der Sirup eine goldgelbe Farbe, grüner Waldmeistersirup ist nur mit künstlichen Farbzusätzen zu erreichen.

Waldmeistersirup mit Safran

- *50 g Waldmeister*
- *500 ml kochendes Wasser*
- *250 ml kaltes Wasser*
- *1 g Safran*
- *350 g Zucker*

Ysop blüht wunderschön in Weiß, Rosa oder Blau. Falls Sie Lavendel mögen, dieser jedoch nicht richtig gedeiht, versuchen Sie Ihr Glück mal mit Ysop. Die Pflanze ist nicht so anfällig für frostige Winter und feuchte Böden. Die Blätter haben einen etwas herben, nach Minze duftenden Geschmack, es gibt aber auch Lemon-Ysop. Ysopöl hebt die Stimmung und den Blutdruck, stärkt die Nerven und wirkt schleimlösend bei Atemwegsinfektionen.

Ysopsirup

Blüten mit dem heißen Wasser übergießen und 15 Minuten ziehen lassen. Sud abseihen, mit Zucker auf 75 °C erhitzen und in Flaschen füllen.

Tipp > Hilft bei Husten und Halsentzündungen.

Ysopsirup

- *2 Handvoll blühende Ysopspitzen*
- *1 l Wasser*
- *1,5 kg Zucker*

Zitronenverbenensirup

Zucker in Wasser auflösen und etwas abkühlen lassen. Auf die sauberen Verbeneblätter gießen, Zitronensaft zugeben, abdecken und 1 bis 3 Tage ziehen lassen. Danach abseihen, erhitzen und abfüllen.

Tipp > Die Verbeneblätter können Sie an einem schattigen, luftigen Plätzchen trocknen und später in duftenden Kräuterkissen oder als Tee verwenden.

Zitronenverbenensirup

- *1,5 kg Zucker*
- *1,5 l Wasser*
- *2 Handvoll frische Blätter der Zitronenverbene*
- *Saft von 2 Zitronen*

Zitronenverbene gedeiht im Garten besser als im Topf. Graben Sie sie rechtzeitig im Herbst aus. Stark zurückgeschnitten kann die Pflanze im frostfreien Wintergarten oder im lichten Keller überwintern. Schneiden Sie regelmäßig die Triebspitzen ein, um einen buschigen Wuchs zu erzielen.

Das Beste aus Äpfeln – Most und andere Spezialitäten

Apfelsorten zum Mosten und Brennen

Zum Mosten eignen sich besonders zucker- und säurereiche Äpfel- und Birnensorten, die gerbstoffarm sind. Ihr häufig herber Geschmack entsteht durch Bio-Aktivstoffe. Beim direkten Verzehr zieht es

	Sorte	Frucht	Standorteignung
	**Ananasrenette**	Klein bis mittelgroß; Schale glatt, goldgelb; Fleisch gelblich-weiß	Nur für feuchte, wärmere Lagen; anfällig für Mehltau, Obstbaumkrebs und Blutlaus
	**Berlepsch (Goldrenette Freiherr von Berlepsch)**	Klein bis mittelgroß; Schale rötlich-gelb marmoriert; Fleisch vollsaftig, sehr aromatisch	Nährstoffreiche, wärmere, feuchte Böden und geschützte Lagen
	**Bittenfelder (Bittenfelder Sämling)**	Klein bis mittelgroß; Fleisch weiß, saftig; Schale zitronengelb, teilweise rot marmoriert	Reift spät; nicht für raue Lagen, aber für Streuobstanbau geeignet; robust und langlebig, widerstandsfähig gegen Frost
	**Boskoop (Schöner von Boskoop)**	Groß bis sehr groß; Fleisch gelblich-grün, säuerlich mürbe im Geschmack; Schale gelbgrün, häufig netzartig berostet	Äußert frostanfällige Blüten, daher für geschützte Lagen
	**Gewürzluiken (Beimerstetter Luiken)**	Mittelgroß; Fleisch weiß bis grünlich; Schale gelb mit kräftigen roten Streifen; Stielgrube berostet	Für wärmere bis mittlere Lagen; schorf- und krebsanfällig
	**Hauxapfel**	Mittelgroß bis groß; Fleisch weiß mit grün, hart und mürbe; Schale gelbgrün, stark rot gestreift	Für Streuobst geeignet, da sehr robust und wuchsfreudig
	**Jakob Lebel**	Mittelgroß bis groß; Fleisch gelblich-weiß, saftig und leicht säuerlich; Schale gelb rot geflammt, fettig	Empfehlenswert für rauere Lagen
	**Kardinal Bea**	Mittelgroß bis groß; Fruchtfleisch grünlich-weiß, saftig; Schale kräftig dunkelrot mit grüngelb	Für Streuobstanbau geeignet, da gesunde Sorte mit mittelstarkem Wuchs

einem leider »den Mund zusammen«, im Saft entwickeln diese phenolischen Substanzen jedoch das eigentümliche Aroma des Mostes. Frühreife Birnen werden gerne zum Mischen mit Apfelsaft verwendet, um den Zuckergehalt zu erhöhen und den Geschmack abzurunden. Sie können Ihren Apfelsaft variieren, indem Sie beim Pressen andere Früchten wie Quitten, Holunder oder Trauben zugeben.

Erkennungsmerkmale	Verwendung	Ernte und Genussreife
Schwacher Wuchs, kleinkronige Bäume, Fruchtkelch erinnert an Ananas	Wirtschafts- und Tafelfrucht	Reift Mitte bis Ende Oktober; genussreif bis Februar
Büschelartiger Neutrieb an Triebspitzen und Verkahlung der Triebbasis	Tafelapfel	Reift Ende September bis Mitte Oktober; genussreif bis März
Breit ausladender Wuchs, große Krone, späte Reife, Frucht hängt nach dem ersten Schnee noch fest am Baum	Sehr gute Süßmost- und Gärmostfrucht	Reift Ende Oktober bis Mitte November; lagerfähig bis März
Stark wachsender Baum mit breit ausladender Krone, nur mäßig verzweigt	Sehr säurehaltiger Tafel- und Backapfel	Ende September bis Mitte Oktober; genussreif bis März
Dichter, rundkroniger Baum, mittelstarker Wuchs und gut verzweigt	Tafelapfel und zum Mosten	Mitte bis Ende Oktober; genussreif bis März
Stark wachsend mit hoch gewölbter Krone und auffallend großen Blättern, wenig schorfanfällig	Süßmost- und Gärfrucht, auch zum Kochen und Backen geeignet	Mitte bis Ende Oktober; genussreif bis März
Stark ausladende Krone, Stämme der Jungbäume häufig krumm; plattrunde, fette Früchte	Süßmost- oder Gärfrucht, auch als Tafelapfel	Ende September bis Mitte Oktober; genussreif bis Dezember
Schwach verzweigte Bäume mit wenig Ästen und hängendem Wuchs, mittelfrühe Blüte	Süßmost oder Gärmost, auch als Tafelobst	Anfang bis Mitte Oktober; genussreif bis November

Schritt für Schritt zum unvergorenen Süßmost

Für einen aromatisch, runden **Geschmack** empfiehlt sich eine Mischung aus verschiedenen Apfelsorten mit Birnen.

Lagern Sie das Fallobst mehrere Tage, damit sich ein Teil der Stärke in Zucker verwandelt. Ideal sind luftdurchlässige Körbe oder Säcke, sonst beginnen die Früchte gleich zu faulen.

Waschen Sie das Obst idealerweise in größeren Wannen mit einem Wasserschlauch. Faulige Äpfel werden aussortiert, faule Stellen ausgeschnitten. Große Früchte werden halbiert, damit sie besser geraspelt werden können. Für eine möglichst hohe **Saftausbeute** muss das Obst auf Erbsengröße zerkleinert werden. Je nach Obstssorte ergeben 10 kg Früchte 5 bis 8 l Saft.

In der klassischen **Obstmühle** werden Äpfel und Birnen zerkleinert. Im Innern befinden sich eine Stiftwalze und zwei Kolben, die das Obst gegen die Walze drücken und raspeln. Die so gewonnene **Maische** fällt in die darunter stehende Wanne. Alternativ: Eine **Obstfräse** funktioniert ähnlich wie ein Gartenhäcksler. Oben wird das Obst eingefüllt und fällt durch einen Trichter auf ein oder mehrere umlaufende Messer, die das Obst in Stücke reißen.

Eine **Korbpresse** besteht aus einem mit Holzlatten besetzten Presskorb und einer Pressplatte. Mit der Rätsche wird die Pressplatte heruntergedreht. Das Gerät steht auf einem schweren Gestell mit Rinne

Äpfel werden aussortiert und gewaschen.

Obstmühle: Das Obst wird zu Maische zerkleinert.

Maische wird in die Korbpresse gefüllt.

und Auslauf für den Saft. Die Maische wird in die Presse gefüllt, die zuvor mit einem sauberen Presstuch ausgelegt wurde. Nun wird das geraspelte Obst mit dem Tuch, zwei Holzsegmenten und mehreren Hölzern bedeckt. Zu Beginn des Pressens kann die Pressplatte mit der Hand heruntergedreht werden, dann wird die Rätsche eingelegt und mithilfe der Hebelstange heruntergekurbelt, bis die Maische so stark zusammengepresst wird, dass der Saft in die Rinne läuft. Die Presse wird erst geöffnet, wenn fast kein Saft mehr ausläuft. Anschließend wird die Presse geöffnet, Seitenteile des Presskorbs und Hölzer entfernt und der **Trester** (Überreste der gepressten Maische) in eine Wanne gefüllt. Den Trester können Sie als Gartendünger verwenden – Schweine mögen die Apfelreste übrigens auch.

Der **frisch gepresste Saft wird gefiltert** und kann nun in Flaschen abgefüllt werden, muss aber bei Lagerung im Kühlschrank in 2 bis 3 Tagen verbraucht werden, sonst fängt er an zu gären, er »bitzelt«.

Der unvergorene Süßmost kann durch **Pasteurisieren haltbar** gemacht werden. Erhitzen Sie ihn auf 80 °C und füllen ihn in Flaschen ab. Für große Mengen Apfelsaft eignet sich die Lagerung in speziellen Edelstahltanks.

Saft wird gepresst.

Geöffnete Presse mit Tresterrückstand im Tuch.

Saft wird gefiltert.

Aus Saft wird Most

Der frisch gepresste Saft vergärt in einem Holz- oder Plastikfass bzw. in einem Glasballon. Der gärende Saft kann heftig schäumen: Füllen Sie das Gefäß nicht ganz voll, sondern lassen 10 bis 15 Prozent Platz und setzen einen Gärzylinder oder Gärröhrchen auf den Deckel. Damit keine Luft einströmen, aber das entstehende Kohlendioxid entweichen kann, werden die Gäraufsätze mit etwas Wasser oder Schnaps gefüllt. Durch die aufsteigenden Bläschen am Gärrohr oder das Blubbern des Gärzylinders können Sie das Einsetzen der Gärung beobachten.

Jeder frisch gepresste Saft enthält Zucker und Mikroorganismen wie Bakterien, Schimmelpilze und Hefen. Bei der **alkoholischen Gärung** verwandeln Hefepilze Zucker in Alkohol und Kohlendioxid. Vorsicht: Kohlendioxid ist schwerer als Luft und sinkt im Raum zu Boden. Stehen mehrere Fässer in einem kleinen Kellerraum ohne Luftaustausch, besteht Erstickungsgefahr.

Die **Gärdauer** ist abhängig von Zuckergehalt und Raumtemperatur. Bei Apfel- und Birnenmost liegt sie bei ca. 8 bis 12 Wochen, bei Fruchtweinen bis zu einem Jahr. Wann es so weit ist, erkennen Sie an den ruhenden Gäraufsätzen: Klappert und blubbert nichts mehr, ist der Most vergoren. Er hat eine klare Farbe, Fruchtfleischreste oder abgestorbene Hefereste haben sich als Satz am Fassboden gesammelt. Um das Wachstum der Hefen zu begünstigen, brauchen sie eine **Optimaltemperatu**r zwischen 15 und 20 °C. Bei höheren Temperaturen vermehren sich die unerwünschten Essigsäurebakterien. Liegt die Raumtemperatur unter 10 °C, verläuft die Gärung langsamer, kann aber mit Kaltgärhefen beschleunigt werden. Statt schwer erhältlichen Reinzuchthefen können Sie sich auch mit frischer Bäckerhefe helfen. Rühren Sie eine zerkleinerte Hefe mit etwas warmem Wasser an und geben diese in das Fass.

Zur **Beschleunigung der Gärung** können Sie einen Gärstarter ansetzen. Lösen Sie ca. 100 g Zucker in 0,5 l Saft auf und lassen Sie das Gemisch abkühlen. Anschließend wird die Reinzucht- oder Trockenhefe darin aufgelöst und in eine saubere Flasche abgefüllt. Die Flasche sollte nur bis zu $^3/_4$ gefüllt sein und mit einem Wattebausch verschlossen an einem warmen Platz (20 bis 22 °C) aufgestellt werden. Nach ca. 3 Tagen beginnt die Gärung und der Gärstarter kann ins Fass gegeben werden.

Um den klaren Most vom hefehaltigen Satz zu trennen, nimmt man beim **ersten Abstich** nach ungefähr 7 bis 8 Wochen das Gärglas ab und führt vorsichtig einen Weinschlauch (1,5 bis 2 m lang, Durchmesser von 1 cm) in das Fass ein. Ein zweites Fass stellt man etwas tiefer vor das volle Mostfass. Nun saugt man den frischen Most aus dem Mostfass an und lässt ihn in das darunter stehende Gefäß laufen. Den trüben Satz kann man mithilfe eines Filters klären und anschließend wieder zum Most geben. Nach dem ersten Abstich setzt häufig eine kleine Nachgärung ein. Deshalb setzt man den Gäraufsatz erneut auf das Fass und stellt den jungen Most in einen etwas kühleren Kellerraum.
Nach weiteren 6 bis 8 Wochen kann der zweite Abstich erfolgen. Der Most müsste nun völlig klar sein. Den fertigen Most lagert man am besten im Fass an einem kühleren Ort (ca. 10 °C). Ein Abfüllen in Flaschen ist nicht notwendig, der Most kann direkt vom Fass gezapft werden.

Eichenholzfässer gehören zu den traditionellen Gefäßen, in denen man auch heute noch die beste Mostqualität erzielen kann. Sie sind jedoch teuer in der Anschaffung und schwierig in der Pflege.

Glasballons sind optisch schön, billig zu erwerben, einfacher zu pflegen und zu reinigen. Das Balloninnere wird mit speziellen Bürsten geschrubbt. Hartnäckige Schmutzablagerungen können mit 1,5- bis 2-prozentiger Sodalösung behandelt werden. Danach mit klarem Wasser nachspülen! Ein weiterer Vorteil: Man sieht immer, was gerade passiert. Durch Sonnenlicht können die Temperaturen in der Flasche jedoch schwanken und so einen gleichmäßigen Gärverlauf behindern. Um dies zu verhindern und gleichzeitig das Glas zu schützen, helfen Weidekörbe oder Kunststoffummantelungen.

Kunststofffässer fassen Inhalte von 5 bis 1000 Litern. Ein großer, dreiteiliger Deckel ermöglicht die einfache Reinigung der Behälter. Schmutz ist von außen sichtbar und kann direkt mit der Hand entfernt werden. Sie können absolut luftdicht verschlossen oder mit einem Gäraufsatz bzw. einem Tuch oder Sieb versehen werden. Der Zapfhahn ermöglicht ein einfaches Abfüllen. Einzelteile wie Zapfhahn oder Gummidichtungen können im Fachhandel und meist auch in Gartenmärkten nachgekauft werden. Leider gibt es mehrere Hersteller, deren Deckel und Hähne nicht kompatibel sind. Sie müssen sich die Farbe Ihres Deckels/Hahns merken (rot oder orange).

Gärglasaufsatz auf einem Glasballon.

Frisch gezapfter Most.

Kunststofffass mit Gärglasaufsatz.

Glühmost

Den Most mit den Gewürzen und Schalen erhitzen, Orangensaft zugeben, aber nicht aufkochen. Nach Geschmack können auch Ingwer und Zucker beigemischt werden. Nach ca. 5 Minuten Gewürze abseihen und heiß servieren.

Glühmost

- *1 l Most*
- *1 Zimtstange*
- *2 Nelken*
- *1 Bio-Zitrone (Schale)*
- *1 Bio-Orange (Saft und Schale)*

Der Liebestrank: Kalmusmost

Kalmuswurzel mit dem Most in einer Flasche ansetzen. Den Ansatz 6 Wochen lang ziehen lassen, danach abfiltern.

Tipp > 1 bis 2 Gläschen pro Tag wirken anregend, verjüngend und aphrodisierend.

Kalmusmost

- *60 g Kalmuswurzel*
- *2 l Apfelmost*

Mostbowle

Die Schale einer Zitrone spiralförmig schneiden. Apfelsaft erhitzen, Zucker darin auflösen, abkühlen lassen. Alle weiteren Zutaten vermengen und kalt servieren.

Mostbowle

- *Schale von 1 Zitrone*
- *150 ml Apfelsaft*
- *100 g Zucker*
- *Saft von 2 Zitronen*
- *Apfelstückchen (Kirschen, Orangenstücke, ...)*
- *1 l Most*

Äpfel helfen bei Verdauungsproblemen aller Art: Bei Durchfall einfach 1 bis 2 Äpfel fein reiben und roh verzehren. Der hohe Pektingehalt sorgt für eine natürliche Verdickung des Darminhalts, die Gerbstoffe wirken entzündungshemmend auf den Darm. Bei Verstopfung verrühren Sie 75 ml Milch mit 25 ml Most und 1 TL Essig – morgens vor dem Frühstück trinken.

Allgäuer Almdudler

Wasser mit Zucker aufkochen, bis der Zucker sich gelöst hat, Kräuter klein schneiden, Zitronenschale (Zitronensäure) mit -saft und Kräuter zugeben und 20 Minuten ziehen lassen. Anschließend Kräuter ausdrücken, abseihen und Apfelsaft zugeben.

Kräutersirup aufkochen, in vorgewärmte Flaschen abfüllen und gut verschließen.

Tipps

> Für Kinderpartys mit Mineralwasser und Eiswürfel servieren.

> Die Kräutermischung können Sie ganz nach Ihrem Geschmack abwandeln. Falls Sie keine frischen Kräuter vorrätig haben, können Sie auch getrocknete Minze oder Holunderblüten verwenden.

Allgäuer Almdudler

- *500 ml Wasser*
- *200 g Zucker*
- *5 Gierschblätter*
- *5 Stängel Zitronenmelisse*
- *5 Stängel Pfefferminze*
- *1 Zweig Ysop, Gewürztagetes, Indianernessel, Thymian, Borretschblätter*
- *2 EL Holunderblüte*
- *1 Prise Anis*
- *1 g Süßholz*
- *500 ml Apfelsaft*
- *5 g Zitronensäure oder -saft und Schale einer Zitrone*

Einfach und aromatisch ungewöhnlich ist dieser Apfel-Aperitif

Ananas von den Blattrosetten befreien, braune Schale nur dünn abschälen, Fruchtfleisch mit Strunk in Scheiben schneiden. Äpfel vierteln, von Stiel und Kerngehäuse befreien. Beides im Entsafter verarbeiten und sofort servieren.

Apfel-Aperitif

- *1 Ananas*
- *1 kg Äpfel*

Als Variante ein leckeres Dessert, das sich gut vorbereiten lässt

Saft mit Agar-Agar und dem Zucker unter Rühren erhitzen, bis sich das Agar-Agar aufgelöst hat. Den Trester unter die Flüssigkeit rühren, mit dem Schneebesen schaumig schlagen und in eine Dessertform füllen.

Dessertvariante

- *100 ml Apfel-Ananas-Saft*
- *3 TL Agar-Agar oder 8 Blatt Gelatine*
- *100 g Zucker*
- *4 EL Apfel-Ananas-Trester*

In Äpfeln stecken Pektine, die in Wasser aufquellen und gallertartig werden. Sie sind das natürliche Geliermittel in Marmeladen. Die Apfelpektine und -fruchtsäuren lassen die Haut angenehm weich und straff werden. Probieren Sie es aus und reiben Sie mit einem aufgeschnittenen Apfel über Ihre Haut! In Hautcremes werden die Pektine und Fruchtsäuren mit Fettzusätzen vermischt und so auch für Pomade verwendet.

Apfel-Sellerie-Lassi

Äpfel und Sellerie waschen, klein schneiden und in der Saftzentrifuge entsaften.

Joghurt mit dem Schneebesen unterrühren, mit gemahlenen Pistazienkernen garnieren und servieren.

Apfel-Sellerie-Lassi

- *500 g Äpfel mit Schale, aber entkernt*
- *200 g Stangensellerie*
- *200 g Naturjoghurt*
- *Pistazienkerne, gemahlen*

Heißer Apfel mit Schlehen

Schlehen über Nacht in der Gefriertruhe tiefkühlen, am nächsten Tag mit den übrigen Zutaten – außer dem Zucker – im Schnellkochtopf zum Kochen bringen. Nach dem Abdampfen die Herdplatte ausschalten, den Sud langsam abkühlen lassen, anschließend die Früchte mit einem Holzlöffel zerdrücken und durch ein Tuch seihen.

Saft mit Zucker kurz aufkochen und in vorgewärmte Flaschen abfüllen. Etwas Sirup mit heißem Wasser aufgießen – fertig ist ein leckeres Heißgetränk für kalte Tage.

Heißer Apfel mit Schlehen

- *300 g Schlehen*
- *700 g Äpfel, geschält, entkernt*
- *1/2 Vanilleschote*
- *400 ml Wasser*
- *1 TL Anis*
- *700 g Zucker*

Aprikosen-Apfel-Konfekt

Aprikosen und Apfelringe in feine Würfel schneiden und mit Apfelsaft weich kochen (bis sie leicht breiig sind).

Gelierzucker und den Zitronensaft zugeben, weitere 2 Minuten einkochen, die Paste auf ein mit Backpapier ausgelegtes Backblech ausstreichen und 1 bis 2 Tage luftig und warm trocknen lassen. Hübsch ist eine zweite rote Schicht auf dem gelben Aprikosenmus, zum Beispiel aus Kirschgelee.

Das Konfekt in Würfel schneiden (oder mit Weihnachtsausstechern) und in Puderzucker wenden. Wer möchte, kann die Aprikosenwürfel auch mit flüssiger Kuvertüre überziehen. In Dosen oder Cellophantüten verpacken.

Aprikosen-Apfel-Konfekt

- *200 g getrocknete Aprikosen*
- *10 g getrocknete Apfelringe*
- *Ca. 250 ml Apfelsaft*
- *50 g Gelierzucker*
- *Saft einer Zitrone*
- *Puderzucker oder Kuvertüre*

Kürbissaft ist nicht nur lecker, sondern auch gesund. Er enthält die wichtigsten Mineralstoffe und Vitamine. Da Kürbisfleisch wenig Natrium, aber reichlich Kalium enthält, wirkt Kürbissaft harntreibend – hervorragend für eine Saftdiät.

Hexentrunk für Kinder

Äpfel und Kürbis schälen, entkernt wiegen und in Stücke schneiden. Früchte zusammen in der Zentrifuge entsaften. Zitronensaft zugeben, umrühren und gleich in einem ausgehöhlten Kürbis servieren.

Tipp > Lecker und leuchtend – der Hexentrunk ist ideal für Halloweenpartys!

Hexentrunk für Kinder

* *700 g Äpfel*
* *50 g Kürbis (z. B. Hokkaido)*
* *Saft von 1/2 Zitrone*

Kinderpunsch

Apfelsaft mit den Gewürzen langsam erhitzen und 5 Minuten ziehen lassen, die Gewürze abseihen und heiß servieren. Nach Wunsch kann etwas Holundersirup oder Quittensaft zugegeben werden.

Kinderpunsch

* *1 l Apfelsaft*
* *1 Prise Muskatnuss*
* *1 Zimtstange*
* *3 Nelken*
* *1/2 TL Piment*
* *Zucker/Honig nach Bedarf*
* *Etwas Holunder- oder Quittensaft*

Zauberapfel

Von jedem Apfel jeweils einen schönen Deckel (mit Stiel) abschneiden, Äpfel aushöhlen und dabei ca. 1 cm Rand und Boden stehen lassen.

Fruchtfleisch ohne Kerngehäuse mit Apfelsaft, 4 Kugeln Vanilleeis und einer Prise Muskatnuss pürieren, eine Kugel Eismus in jeden Apfel geben und mit Saft auffüllen.

Deckel wieder aufsetzen und die Zauberäpfel mit einem Strohhalm servieren.

Zauberapfel

* *4 Äpfel*
* *500 ml Apfelsaft*
* *500 ml Vanilleeis*
* *Muskatnuss*

Guter Geist aus Obst, Beeren und Kräutern

Wein aus Obst und Früchten

Während man Wein umgangssprachlich mit Trauben verbindet, kann er sehr wohl auch aus anderen Früchten hergestellt werden. Bereitet man ihn aus Kernobst wie Äpfeln, Birnen oder Quitten, nennt man ihn **Obstwein**. Nimmt man hingegen Stein- und Beerenobst, spricht man von **Fruchtwein**. Beide fallen lebensmittelrechtlich unter den Begriff »weinähnliches Getränk«.

Der Hobbywinzer, der sich entschließt, einen wohlschmeckenden Fruchtwein herzustellen, muss sich im Klaren sein, dass die Fruchtweinbereitung teilweise sehr arbeitsintensiv sein kann und die Anschaffung verschiedener Gerätschaften und Zutaten voraussetzt. Allerdings wird man dafür entschädigt, wenn der fertige Fruchtwein im Keller lagert und die zur Weinprobe Geladenen ihn loben.

Vergärung

Ob Obst- oder Fruchtwein: Durch die alkoholische Gärung wird Fruchtzucker in Alkohol, Kohlendioxid (CO_2) und Energie umgewandelt. Kurz: Der Fruchtsaft erwärmt sich und scheidet über den Gärspund Kohlendioxid aus – solange der Gärprozess andauert, »blubbert« es. Verantwortlich für diesen Prozess sind Mikroorganismen, die sich zum Teil bereits als Hefe im Fruchtsaft befinden, zum größeren Teil jedoch in Form von Reinzuchthefe hinzugefügt werden. Damit wird nicht nur der natürliche Gärprozess beschleunigt, es werden vor allem auch unerwünschte Nebenprodukte vermieden.

Saft- oder Maischegärung

Die Vergärung lässt sich auf zweierlei Weise durchführen: Während bei der **Saftgärung** ausschließlich der auf verschiedenartige Weise gewonnene Saft vergoren wird, bedarf es bei der **Maischegärung** eines Zwischenschrittes. Hier wird aus zerkleinerten Früchten Maische bereitet, also eine Art »Fruchtkompott«, das dann zum Gären gebracht wird. Nach etwa 1 bis 2 Wochen ist die Maische gut angegoren und wird abgepresst.
Den gewonnenen Saft lässt man anschließend, wie bei der Saftgärung, vollständig vergären. Die Maischegärung eignet sich besonders bei Früchten mit einem hohen Pektingehalt, da das Pektin hierbei besser abgebaut wird. Pektin ist ein Bestandteil der pflanzlichen Zellwand, der den Fruchtsaft bei Zugabe von Alkohol gelieren lässt, dabei ausfällt und unerwünschte Trübungen verursacht. Bei der Maischegärung ist auch die Farbausbeute besser.

Ausrüstung

Zur Weinbereitung benötigt man eine Reihe von Geräten und Hilfsmitteln:

- **Eimer** aus Edelstahl oder säurebeständigem Kunststoff zum Sammeln der Früchte sowie zum späteren Umfüllen von Maische oder Fruchtsaft
- Großer **Edelstahltopf** zur Bereitung der Zuckerlösung
- Durchschlag oder **Sieb** zum Waschen der Früchte
- Verschieden große **Trichter** aus Edelstahl oder säurefestem Kunststoff zum Abfüllen von Maische oder Saft
- **Kartoffelstampfer** aus Holz oder Edelstahl, **Mixer** oder Fleischwolf zum Zerkleinern der Früchte. Eventuell Obstmühle zum Verarbeiten bzw. Zerkleinern von größeren Mengen Obst
- (Elektrischer) **Entsafter**
- **Korb- oder Hydropresse** zum Entsaften von Früchten oder zum Abpressen von Maische

- **Seihtuch** aus Nylon, Leinen oder Nessel zum Abpressen des Fruchtsaftes
- **Gärbehälter** aus säurefestem Kunststoff (Kunststofffass beliebiger Größe) oder Glas (weithalsiger Glasballon) zum Vergären von Maische bzw. Saft
- **Gäraufsatz** (Gummistopfen mit Gärtrichter oder gläsernem Gärrohr) zum Verschließen des Gärbehälters
- **Weinheber** (Schlauch mit einem festen, an einem Ende gebogenen Rohr und Absperrhahn) zum Abziehen von Wein
- **Flaschen mit Verschlüssen** (Schraubverschlüsse oder Korken) zum Abfüllen des Weines

Grundstoffe und Zutaten

- Früchte, Beeren, Blüten oder Kräuter
- Wasser
- Zucker (Haushaltszucker)
- Hefenährsalz
- Reinzuchthefe (flüssig oder Granulat)
- Schwefelpulver (Kaliumdisulfit)
- Antigel (Pektinase)
- 80-prozentige Milchsäure
- eventuell Schönungsmittel (Agar-Agar)

Obst- und Fruchtwein: Schritt für Schritt

1. Früchte gründlich waschen, auslesen, gegebenenfalls Faulstellen ausschneiden, Stiele entfernen
2. **Saftgärung:** Entsaften der Früchte, **Maischegärung:** Zerkleinern der Früchte
3. Einfüllen des Saftes bzw. der Maische in den Gärbehälter
4. Zusatz von Antigel und Schwefelpulver (Kaliumdisulfit)
5. Zugabe von Zuckerlösung und 80-prozentiger Milchsäure
6. Zugabe von Hefenährsalz und Reinzuchthefe
7. Anbringen des Gäraufsatzes
8. Beobachten des Gärvorganges; wiederholtes Umrühren des Gärgutes
9. **Maischegärung:** Abpressen der Maische nach spätestens 2 Wochen; Fortsetzung des Gärprozesses mit dem gewonnenen Saft
10. Nach Abschluss des Gärvorganges (im Sommer 2 bis 4 Wochen, in kühleren Jahreszeiten 2 bis 3 Monate) Wein mittels Schlauch von der unten lagernden Hefe abziehen und kühl stellen
11. Selbstklärung abwarten (ca. 1 bis 3 Monate), den Wein nochmals vom Trub abziehen; eventuell Schönungsmittel (Agar-Agar) zugeben und filtrieren
12. Nach Geschmack nachsüßen
13. Abfüllen in Flaschen beliebiger Größe

Die nachfolgenden Rezepte beziehen sich auf einen Ansatz von 10 Liter.
Sie sind nur für den Eigenbedarf vorgesehen, nicht für den Verkauf.

Richtwert beim Nachsüßen

50 g Zucker auf einen Liter Wein. Für insgesamt 10 Liter Wein erwärmen Sie also 1 Liter davon und lösen darin 500 g Zucker auf.

Tipp > Bei der Herstellung von Apfelwein verwendet man Apfelsorten, die spät reif sind (wie z. B. Brettacher), da sie mehr Zucker und Säure enthalten als frühe Sorten.

Apfelwein

Äpfel waschen, mit der Obstmühle zerkleinern und in einer Korb- bzw. Hydropresse abpressen. Kaliumdisulfit in den gewonnenen Saft (ca. 7 bis 8 l) rühren, Saft in ein 20-l-Gärfass einfüllen. In der Zwischenzeit Wasser erhitzen, Zucker darin lösen, auf 30 °C abkühlen lassen und Hefe sowie Hefenährsalz (nach Anleitung) mit Milchsäure dazugeben. Mithilfe eines Trichters alles gleichmäßig in den Saft rühren.

Gärfass mit Gummistopfen verschließen, Gäraufsatz anbringen und mit Wasser füllen. Apfelsaft bei einer Raumtemperatur von 18 bis 20 °C vergären lassen. Das Fass täglich kreisförmig schwenken, um die Arbeit der Hefe anzuregen.

Nach Ende der Vergärung Apfelwein mittels eines Schlauches bzw. Weinhebers von der Hefe abziehen und kühl stellen. Nach etwa einem Monat den Wein nochmals vom Trub abziehen, sofern der Wein nicht klar ist, Schönungsmittel (Agar-Agar) hinzugeben, filtern und nachsüßen. In Flaschen abfüllen.

Apfelwein
(zugleich Muster für Saftgärung)

- *10 kg Äpfel*
- *1 g Kaliumdisulfit*
- *2,5 l Wasser*
- *2,5 kg Zucker*
- *5 g Hefenährsalz*
- *1 Flüssighefe, z. B. Portwein/Malaga oder Trockenhefegranulat (4 g)*
- *30 ml Milchsäure (80%ig)*

Brombeerwein

Beeren in einem 20-l-Gärfass mit einem Holz-, Kartoffelstampfer zerdrücken, gut mit Antigel vermischen, über Nacht stehen lassen. Wasser erhitzen, Zucker darin auflösen, Kaliumdisulfit und Milchsäure mit einem Trichter in das Gärfass schütten und in die Maische einrühren. Flüssighefe und Hefenährsalz (nach Anleitung) unter die Beeren rühren und das Gärfass mit einem Gäraufsatz verschließen.

Maische täglich umrühren und nach einer Woche mit der Hydropresse abpressen. Saft danach in das gereinigte Gärfass zurückgeben, wieder mit einem Gäraufsatz verschließen und weitergären lassen. Wein nach Abschluss der Gärung mittels Schlauch/Weinheber von der Hefe abziehen und kühl stellen. Selbstklärung abwarten, gegebenenfalls Schönungsmittel (Agar-Agar) zugeben, danach filtern und in Flaschen abfüllen.

Brombeerwein
(zugleich Muster für Maischegärung)

- *5 kg Brombeeren*
- *10 ml Antigel*
- *4 l Wasser*
- *2,5 kg Zucker*
- *1 g Kaliumdisulfit*
- *30 ml Milchsäure (80%ig)*
- *1 Flüssighefe, z. B. Burgund/Portwein, oder Trockenhefegranulat (4 g)*

5 g Hefenährsalz

Heidelbeerwein

Beeren in einem 20-l-Gärfass mit Holz- bzw. Kartoffelstampfer zerdrücken, gut mit dem Antigel vermischen, über Nacht stehen lassen.

Wasser erhitzen, Zucker darin auflösen, Kaliumdisulfit und Milchsäure mit einem Trichter in das Gärfass geben und gut in die Maische einrühren. Der Maische Hefenährsalz und Flüssighefe (nach Anleitung) zusetzen, gut durchrühren und Gärfass mit Gäraufsatz verschließen.

Maische täglich umrühren, nach ca. 2 Wochen abpressen. Saft in das gereinigte Fass zurückgeben, wieder verschließen und die Gärung fortsetzen.

Wein nach Abschluss der Gärung mittels Schlauch/Weinheber von der Hefe abziehen und kühl stellen. Selbstklärung abwarten (2 bis 3 Monate), gegebenenalls Schönungsmittel (Agar-Agar) zugeben, filtern und in Flaschen füllen.

Heidelbeerwein

- *5 kg Heidelbeeren, gewaschen*
- *10 ml Antigel*
- *5 l Wasser*
- *3 kg Zucker*
- *1 g Kaliumdisulfit*
- *30 ml Milchsäure (80%ig)*
- *5 g Hefenährsalz*
- *1 Flüssighefe, z. B. Malaga/Portwein, oder Trockenhefegranulat (4 g)*

Holunderbeerwein

Beeren von den Stielen zupfen, waschen, im Dampfentsafter entsaften, Saft abkühlen lassen, Antigel einrühren und über Nacht stehen lassen.

Zucker in erhitztem Wasser lösen, Kaliumdisulfit und Milchsäure mit einem Trichter in das Gärfass schütten, gut umrühren. Hefenährsalz und Flüssighefe (nach Anleitung) unter den Saft rühren, Gärfass mit Gäraufsatz verschließen.

Das Fass täglich kreisförmig schwenken. Die Raumtemperatur sollte bei 18 bis 20 °C liegen. Anschließend abziehen, schönen und filtern. Eventuell nachsüßen, Richtwert: 50 g Zucker je Liter.

Vorsicht: Das in Holunderbeeren enthaltene Sambunigrin kann zu Übelkeit und Erbrechen führen, wenn Beeren bzw. Saft nicht über 80 °C erhitzt werden.

Holunderbeerwein

- *6 kg Holunderbeeren (= 3,5 l Saft)*
- *10 ml Antigel*
- *3 kg Zucker*
- *4 l Wasser*
- *1 g Kaliumdisulfit*
- *30 ml Milchsäure (80%ig)*
- *5 g Hefenährsalz*
- *1 Flüssighefe, z. B. Portwein/Malaga, oder Trockenhefegranulat (4 g)*

Löwenzahnblütenwein

Löwenzahnblüten mit Zuckerlösung und Kaliumdisulfit übergießen. Zitronen und/oder Limetten und Grapefruits waschen, Schalen dünn schälen, in Streifen schneiden und Früchte danach auspressen. Saft, Schalen und gewaschene Korinthen zur Maische geben. Milchsäure hinzugeben (da Blüten keine Säure enthalten).

Hefenährsalz und Flüssighefe (nach Anleitung) in die Maische rühren. Gärfass mit Gäraufsatz verschließen.

Maische nach ca. 2 Wochen abpressen. Weiter entsprechend den Verarbeitungsschritten: Abziehen, Schönen, Filtern, Nachsüßen und in Flaschen abfüllen.

Löwenzahnblütenwein

- *1 kg Löwenzahnblüten (nur die Blütenblätter, nicht die ganzen Blütenköpfe)*
- *3 kg Zucker*
- *8 l Wasser*
- *1 g Kaliumdisulfit*
- *2 Bio-Zitronen und/oder Limetten*
- *2 Bio-Grapefruits*
- *300 g Korinthen*
- *70 ml Milchsäure (80%ig)*
- *5 g Hefenährsalz*
- *1 Flüssighefe, z. B. Marsala, oder Trockenhefegranulat*

Blütenwein aus Mädesüß

Blütenwein aus Mädesüß wird genauso hergestellt, wie der Löwenzahnblütenwein

Blütenwein aus Mädesüß

- *1 kg Mädesüßblüten*
- *3 kg Zucker*
- *8 l Wasser*
- *1 g Kaliumdisulfit*
- *2 Bio-Limetten*
- *2 Bio-Orangen*
- *2 Vanillestangen*
- *300 g Rosinen*
- *70 ml Milchsäure (80%ig)*
- *5 g Hefenährsalz*
- *1 Flüssighefe, z. B. Marsala, oder Trockenhefegranulat*

Tipps

> Es besteht auch die Möglichkeit, die Rhabarberstängel im Dampfentsafter zu entsaften. Den Rhabarbersaft lässt man vor dem Weiterverarbeiten abkühlen.

> Rhabarber enthält Oxalsäure, die nicht jeder verträgt. Man kann und sollte diese Säure abbauen, indem man dem Rhabarbersaft kohlesauren Kalk zusetzt. Er bindet die Oxalsäure und setzt sich innerhalb von wenigen Stunden als weißer Satz am Boden des Behälters ab. Der Saft wird dann mittels eines Schlauches abgezogen und in ein 20-l-Gärfass geschüttet.

Rhabarberwein

- 7 kg Rhabarber (= 4,5 l Saft)
- 30 g kohlensaurer Kalk (Kalziumkarbonat)
- 4 l Wasser
- 3 kg Zucker
- 1 Kaliumdisulfit
- 30 ml Milchsäure (80%ig)
- 1 Flüssighefe, z. B. Portwein, oder Trockenhefegranulat (4 g)
- 5 g Hefenährsalz

Rhabarberstängel waschen, in 2 bis 3 cm lange Stücke schneiden, mit einem Fleischklopfer oder Kartoffelstampfer quetschen und mit heißem Wasser überbrühen.

Rhabarber abseihen, sobald er weich ist und in einer Hydropresse (oder von Hand in einem Presssack) abpressen. Dem Saft kohlesauren Kalk zugeben (siehe Tipps).

Wasser erhitzen, Zucker darin auflösen, Kaliumdisulfit und Milchsäure mithilfe eines Trichters in das Gärfass schütten und mit dem Saft vermischen.

Anschließend Flüssighefe und Hefenährsalz (nach Anleitung) unter den Saft rühren und das Gärfass mit einem Gäraufsatz schließen.

Das Fass täglich kreisförmig schwenken, um die Arbeit der Hefe anzuregen. Die Raumtemperatur sollte bei 18 bis 20 °C liegen.

Den Wein nach Ende der Vergärung mittels eines Schlauches abziehen und kühl stellen.

Nach etwa einem Monat wird der Wein nochmals abgezogen, gegebenenfalls gefiltert und in Flaschen abgefüllt.

Sauerkirschwein

Sauerkirschen waschen, entstielen, in einem 20-l-Gärfass mit einem Holzstampfer zerdrücken. Achten Sie darauf, die Kirschsteine dabei nicht zu beschädigen – sonst entwickeln sie einen starken Bittermandelton. Antigel gut mit den gequetschten Sauerkirschen vermischen und über Nacht stehen lassen.

Anschließend Wasser erhitzen, Zucker darin lösen und Kaliumdisulfit beimischen. Sobald die Zuckerlösung auf 30 °C abgekühlt ist, Hefenährsalz und Flüssighefe nach Anleitung zufügen.

Alles gut mit der Maische verrühren und das Gärfass mit Gäraufsatz verschließen. Maische während der Gärung einmal täglich umrühren, damit die Hefe zur Arbeit angeregt wird.

Nach etwa einer Woche Maische abpressen. Den Kirschsaft im gereinigten Gärfass weitergären lassen. Die weitere Verarbeitung erfolgt entsprechend den Schritten: Abziehen, Schönen, Filtern, Nachsüßen und in Flaschen abfüllen.

Sauerkirschwein

- *7 kg Sauerkirschen*
- *10 ml Antigel*
- *4 l Wasser*
- *3 kg Zucker*
- *1 g Kaliumdisulfit*
- *5 g Hefenährsalz*
- *1 Flüssighefe, z. B. Burgunder, oder Trockenhefegranulat (4 g)*

Süßkirschwein

Die Herstellung und Verarbeitung von Süßkirschwein erfolgt wie die des Sauerkirschweines. Die Milchsäure wird dem Zuckerwasser neben dem Kaliumdisulfit zugesetzt.

Süßkirschwein

- *7 kg Süßkirschen*
- *10 ml Antigel*
- *2 l Wasser*
- *2 kg Zucker*
- *1 Kaliumdisulfit*
- *5 g Hefenährsalz*
- *1 Flüssighefe, z. B. Burgunder, oder Trockenhefegranulat (4 g)*
- *30 ml Milchsäure (80%ig)*

Tipp > Der frische Traubenwein oder Federweißer passt hervorragend zu Elsässer Flammkuchen.

Traubenwein/Federweißer

- Trauben waschen, von den Stielen zupfen und mit einer Korb- oder Hydropresse abpressen. Saft in ein 20-l-Gärfass leeren, erst Antigel einrühren, dann Kaliumdisulfit, Hefenährsalz und Hefe (nach Anleitung) hinzufügen. Das Gärfass mittels eines Gäraufsatzes schließen. Die Gärtemperatur sollte bei 15 °C liegen.

- Nach Ende der Vergärung Traubenwein (= junger Wein) mittels eines Schlauches bzw. Weinhebers abziehen. Ein zweiter Abzug erfolgt erst nach 2 bis 3 Monaten. Wenn der Wein nicht ganz klar ist, Schönungsmittel (Agar-Agar) hinzugeben.

Traubenwein/Federweißer

* *12 kg Trauben (= 10 l Saft)*
* *10 ml Antigel*
* *5 g Hefenährsalz*
* *1 Flüssighefe, z. B. Burgunder, oder Trockenhefegranulat (ca. 4 g)*
* *1 g Kaliumdisulfit*

Zwetschgenwein

- Zwetschgen waschen, entstielen und in einem 20-l-Gärfass mit einem Holzstampfer andrücken. Vorsicht, die Steine sollten dabei nicht beschädigt werden! Antigel gut mit den gequetschten Zwetschgen vermischen und über Nacht abgedeckt stehen lassen.

- Zuckerlösung herstellen und mit Kaliumdisulfit über die Zwetschgen leeren. Milchsäure, Hefenährsalz und Flüssighefe (nach Anleitung) in die Maische geben, alles gut miteinander verrühren und das Gärfass mittels Gäraufsatz verschließen. Die Maische während der Gärung einmal täglich umrühren.

- Maische nach ca. 2 Wochen abpressen, der Zwetschgensaft kann im gereinigten Gärfass weitergären. Die weiteren Verarbeitungsschritte lauten: Abziehen, eventuell Schönen, Filtern, Nachsüßen und in Flaschen abfüllen.

Zwetschgenwein

* *6 kg Zwetschen*
* *10 ml Antigel*
* *2,5 kg Zucker*
* *5 l Wasser*
* *1 g Kaliumdisulfit*
* *30 bis 40 ml Milchsäure (80%ig)*
* *5 g Hefenährsalz*
* *1 Flüssighefe, z. B. Portwein/Malaga, oder Trockenhefegranulat (4 g)*

Verwenden Sie für Kräuterweine wenig gehaltvolle, also eher leichte und nicht besonders ausdrucksstarke Weißweine (eventuell auch helle Fruchtweine) – für das Aroma sorgen Sie durch den Zusatz der Kräuter.

Ansatzweine

Bei der Herstellung von Ansatzweinen können die Kräuter, Blüten oder Wurzeln dem Wein direkt oder in Form eines Auszuges zugesetzt werden. **Für einen Liter Auszug** benötigen Sie etwa die Menge zusammengedrückte Blätter oder Blüten, die einem Viertelliter entspricht. Mit einem Liter kochendem Wasser übergießen und abgedeckt stehen lassen. Wiederholt umrühren, damit die Blätter stets mit Wasser bedeckt sind. Die Kräuter gleich nach dem Abkühlen der Flüssigkeit mit einem Sieb abtrennen. Maximal drei Tage ziehen lassen – sonst wird der Geschmack zu intensiv. Der gewonnene Auszug kann nun dem Wein zugesetzt werden. Die Dosierung hängt von Ihrem Geschmack ab. Richtschnur: 10 bis 25 ml Auszug auf fünf Liter Wein.

Angelikawein (Engelwurz)

Angelikawein

- *80 g gesäuberte und klein geschnittene Wurzeln*
- *1 l guter Weißwein*
- *Zuckersirup oder flüssiger Honig*

Wurzeln mit Weißwein übergießen und ca. 1 bis 2 Wochen lang stehen lassen. Danach filtern und nach Geschmack süßen. Kühl aufbewahren.

Tipp > Ein Gläschen Angelikawein vor dem Essen ist eine leckere Verdauungshilfe.

Bärlauchwein

5 bis 10 ml Bärlauchauszug und 250 ml Zuckersirup mit 1 Liter Bio-Weißwein vermischen.

Tipp > Bärlauchwein hilft bei Magenproblemen und Altersbeschwerden.

Enzianwein

Enzianwein

- *60 g getrocknete und zerkleinerte Enzianwurzeln (aus der Apotheke)*
- *20 g Bio-Orangen*
- *20 g Brennnesselblätter*
- *1 Liter Rotwein*

Alle Zutaten mit erhitztem Rotwein übergießen und in einem verschließbaren Gefäß an einem kühlen Ort ziehen lassen. Nach 1 bis 2 Wochen abseihen, Wein filtern und in Flaschen füllen.

Tipp > Enzianwein stärkt den Organismus.

Holunderblütensekt

Alle Zutaten mit den gewaschenen, in Scheiben geschnittenen Zitronen in ein Gärgefäß geben und ca. 2 Wochen an einem warmen Ort gären lassen, regelmäßig umrühren. Die Holunderblüten müssen stets von der Flüssigkeit bedeckt sein – gegebenenfalls mit einem Kochlöffel hinunterdrücken.

Danach alles über ein Seihtuch filtern, in Sektflaschen füllen, mit Sektkorken verschließen und verdrahten. Keinesfalls Saftflaschen verwenden, da die Flüssigkeit in der Flasche noch weitergärt und die Flaschen zerreißen würde. Der Sekt muss 1 Woche gelagert werden.

Vorsicht

Die Flaschengärung kann sehr stark sein, sodass Korken und Sekt beim Öffnen der Flasche mit hohem Druck entweichen!

Holunderblütensekt

- *10 Liter Wasser*
- *15 schöne große Holunderblüten*
- *1 kg Zucker*
- *200 ml Obstessig*
- *5 Bio-Zitronen*

Holunderblütenwein

Von ca. 15 bis 20 Holunderblütendolden nur die Blüten abzupfen und verwenden. Blütenauszug mit 1 Liter Bio-Weißwein vermischen. Eventuell mit Holunderblütensirup süßen.

Holunderblütenwein

- *15 bis 20 Holunderblütendolden*
- *1 l Bio-Weißwein*

Holunderblütenlimonade

Holunderblüten abbrausen und einen Tag im Wasser ziehen lassen. Am nächsten Tag aufkochen, abkühlen lassen und abseihen. Zitronen- oder Limettensaft und Mineralwasser zugeben und mit Honig oder Zuckersirup süßen. Kühl servieren.

Holunderblütenlimonade

- *15 schöne große Holunderblüten*
- *2 l Wasser*
- *Saft von 2 Zitronen oder Limetten*
- *1 Flasche Mineralwasser*
- *Honig oder Zuckersirup nach Geschmack*

Lungenkrautwein

5 bis 10 ml Lungenkrautauszug und 250 ml Zuckersirup oder flüssigen Honig gut mit 1 Liter Weißwein vermischen und in Flaschen abfüllen.

Tipp > Lungenkrautwein hilft bei Hals- und Brustschmerzen und bei Heiserkeit.

Lungenkrautwein

- *5 bis 10 ml Lungenkrautauszug*
- *250 ml Zuckersirup oder flüssigen Honig*
- *1 l Weißwein*

Petersilie-Honig-Wein

Petersilie waschen, klein schneiden und in den Weißwein geben. Weißweinessig dazugeben und erhitzen, aber nicht kochen. 10 Minuten ziehen lassen, abseihen, Petersilie leicht ausdrücken, mit Blütenhonig vermischen und in Flaschen füllen.

Tipp > Dieser Kräuterwein stärkt das Herz – daher wird er auch Herzwein genannt.

Petersilie-Honig-Wein

- *200 g frische, glatte Petersilie*
- *2 l guter Weißwein*
- *1 bis 2 EL Weißweinessig*
- *200 bis 250 g flüssiger Blütenhonig*

Rosenblütenwein

Blüten von 5 bis 6 ungespritzten, duftenden Rosen abzupfen; Roséwein erhitzen, aber nicht kochen, Blüten dazugeben und 1 Woche in einem Twist-off-Glas ziehen lassen. Danach abseihen und in Flaschen abfüllen; eventuell mit Zuckersirup süßen. Statt stark duftenden Rosen können Sie dem Rosenblütenwein auch etwas Rosenwasser zugeben.

Rosenblütenwein

- *Blüten von 5 bis 6 ungespritzten Rosen*
- *1 l Roséwein*

Rosenwasser

Zucker, Gelierzucker und Zitronensäure in Wasser aufkochen und abkühlen lassen. Inzwischen Rosenblüten, Zitronen- oder Limettenscheiben in ein gut verschließbares Gefäß schichten, Zuckerlösung dazugeben und alles ca. 1 Woche an einem kühlen Platz ziehen lassen. Abseihen, in Flaschen füllen und im Kühlschrank aufbewahren.

Rosenwasser

- *250 g Zucker*
- *250 g Gelierzucker*
- *10 g Zitronensäure*
- *500 ml Wasser*
- *1 Litermaß ungespritzte und stark duftende Rosenblüten*
- *1 Zitrone oder Limette*

Rosmarinwein

Rosmarin waschen, Wein erhitzen, aber nicht kochen, Rosmarin dazugeben und in einem verschließbaren Glas ca. 1 Woche ziehen lassen. Danach Rosmarin abseihen, Wein filtern und nach Belieben süßen.

Tipp > Rosmarin stärkt das allgemeine Wohlbefinden.

Rosmarinwein

- *20 bis 25 g frischer Rosmarin*
- *1 Liter Weißwein*
- *Zuckersirup oder Honig*

Salbeiwein

1 Handvoll frische Salbeiblätter in einem Glasgefäß mit 1 Liter gutem Weißwein übergießen und ca. 1 bis 2 Wochen stehen lassen. Danach abseihen, die Blätter leicht ausdrücken und den Wein filtern.

Tipp > Salbei hilft bei Magen- und Darmbeschwerden sowie gegen übermäßiges Schwitzen.

Salbeiwein

- *1 Handvoll frische Salbeiblätter*
- *1 Liter Weißwein*

Thymianwein

5 bis 10 ml Thymianauszug und 250 ml Zuckersirup oder Honig mit 1 Liter Weißwein vermischen.

Tipp > Thymian hilft bei Husten und bei Neigung zur Melancholie.

Thymianwein

- *5 bis 10 ml Thymianauszug*
- *250 ml Zuckersirup oder Honig*
- *1 Liter Weißwein*

Wermutwein

10 bis 15 g frische Wermutblätter und -blüten mit 1 Liter Weißwein in einem gut verschließbaren Gefäß ansetzen. Den Ansatz 3 bis 5 Tage stehen lassen, abgießen, mit ca. 250 ml Zuckersirup mischen und filtern.

Tipp > Wermut stärkt das Immunsystem und hilft bei Magenbeschwerden.

Wermutwein

- *10 bis 15 g frische Wermutblätter und -blüten*
- *1 Liter Weißwein*
- *250 ml Zuckersirup*

Wenn Sie kein Bowle-Service haben, können Sie z. B. auch eine schöne Suppenterrine und Sektschalen nehmen. Die Gläser sollten nicht zu hoch und oben so weit sein, dass der Bowle-Inhalt herausgelöffelt werden kann.

Bowlen

Meistens besteht Bowle aus Früchten, Wein und Sekt, kann aber auch mit Mineralwasser aufgefüllt werden. Die Zutaten sollten am besten 2 bis 3 Stunden durchziehen. Bowle ist ein Sommergetränk und sollte nicht zu viel Alkohol enthalten. Auch mit Zucker ist sparsam umzugehen. Gegebenenfalls bereiten Sie eine Zuckerlösung, bestehend aus 1 Liter Wasser und 500 g Zucker. Die Lösung aufkochen, abkühlen lassen, in Flaschen abfüllen und die Früchte damit nach Bedarf süßen. Die nachfolgenden Rezepte sind für 4 bis 6 Personen berechnet.

Erdbeerbowle

Erdbeerbowle

- *500 g frische Erdbeeren (ideal sind kleine Erdbeeren)*
- *100 ml Erdbeerlikör*
- *1 Flasche Weiß- oder Roséwein*
- *80 bis 100 ml Erdbeersirup*
- *1 Flasche Sekt, Prosecco oder kohlesäurehaltiges Mineralwasser*

Erdbeeren je nach Größe halbieren oder vierteln, in eine Bowle-Schüssel geben, mit Erdbeerlikör beträufeln und 1 Stunde ziehen lassen.

Gekühlten Wein mit Erdbeersirup vermischen und über die Erdbeeren gießen. Vor dem Servieren mit Sekt, Prosecco oder Mineralwasser aufspritzen.

Himbeerbowle

Himbeerbowle

- *500 g frische Himbeeren*
- *50 ml Himbeerlikör*
- *1 Zitrone in Scheibe geschnitten*
- *1 Flasche Roséwein*
- *1 Flasche Rosé-Champagner oder Rosésekt*
- *1 Handvoll Zitronenmelisseblätter*

Beeren mit Likör in eine Bowle-Schüssel geben und ca. 1 Stunde ziehen lassen. Danach Zitronenscheiben und Wein zugeben und 2 Stunden zugedeckt im Kühlschrank ziehen lassen. Zitronenscheiben kurz vor dem Servieren entfernen, Champagner oder Sekt aufgießen. Vorsichtig umrühren, da die Früchte auseinanderfallen könnten. Ein paar kleine Zitronenmelisseblätter hinzugeben.

Kinder-Himbeerbowle

Kinder-Himbeerbowle

- *500 g frische Himbeeren*
- *500 g frische Himbeeren*
- *100 bis 150 ml Himbeersirup*
- *1 Flasche Holunder-Bionade*
- *500 ml Apfelsaftschorle oder reiner Apfelsaft*
- *1 Flasche Mineralwasser*

Beeren mit Sirup beträufeln und etwa 1 Stunde kühl durchziehen lassen. Mit Bionade und Apfelsaftschorle aufgießen. Vor dem Servieren mit Mineralwasser aufspritzen. Etwas Crushed Ice kommt immer gut an.

Kräuterbowle

Weißwein mit Sirup verrühren, Kräuter hinzugeben und 1 bis 2 Stunden kühl ziehen lassen.

Die Kräuter vor dem Servieren abseihen, danach mit Sekt oder Mineralwasser aufspritzen.

Tipps

> Ein herrliches leichtes Sommergetränk!

> Natürlich können Sie auch andere Kräuter verwenden, z. B. Lindenblüten oder ein paar Blätter vom Johannisbeerstrauch. Achten Sie nur darauf, dass kein Kraut zu stark hervorsticht.

Kräuterbowle

- *1 Flasche Weißwein*
- *100 ml Holunderblütensirup*
- *8 bis 12 frische Minzeblätter*
- *frische Salbeiblätter*
- *8 bis 12 frische Zitronenverbenenblätter (oder Zitronenmelisse)*
- *1 kleiner frischer Estragonzweig*
- *1 Flasche Sekt oder kohlensäurehaltiges Mineralwasser*

Rosenbowle

Frische und duftende Rosenblätter in eine Bowle-Schüssel geben, mit Vanillezucker bestreuen, die Hälfte des Weins zugießen und kalt stellen.

Blütenblätter vor dem Servieren abseihen, den restlichen Wein und Sekt dazugießen.

Tipps

> Statt des Vanillezuckers können Sie auch einen Schuss Rosenblütensirup zusetzen.

> Ein paar frische Rosenblüten machen sich auch gut als Dekoration.

Rosenbowle

- *Blütenblätter von 5 roten Rosen*
- *1 EL Vanillezucker*
- *1 Flasche Weißwein (Riesling)*
- *1 Flasche Sekt (trocken)*

Tannenschösslingbowle

Sirup mit Weißwein in einer Bowle-Schüssel gut aufrühren, Limetten- und Orangenscheiben dazugeben und 1 Stunde kühl stellen.

Vor dem Servieren Limetten- und Orangenscheiben entfernen und mit Sekt aufgießen.

Tannenschlösslingbowle

- *150 ml Tannenschösslingsirup*
- *1 Flasche trockener Weißwein*
- *1 Bio-Limette*
- *1 Bio-Orange*
- *1 Flasche Sekt*

Traubenbowle

Traubensaft mit Zucker so lange in einer Bowle-Schüssel rühren, bis der Zucker sich gelöst hat.

Danach Zitronensaft, Limettenschale und halbierte Trauben hinzugeben, ca. 1 Stunde im Kühlschrank ziehen lassen.

Vor dem Servieren mit Mineralwasser aufspritzen.

Traubenbowle

- *1,5 bis 2 l frisch gepresster Traubensaft (rot oder weiß, notfalls auch gekauft)*
- *150 bis 200 g Zucker*
- *Saft von 2 Zitronen*
- *Schale von 1 Bio-Limette (fein abgerieben)*
- *150 g blaue kernlose Trauben*
- *1 Flasche kohlensäurehaltiges Mineralwasser*

Waldmeisterbowle

Waldmeister über Nacht anwelken lassen oder ins Gefrierfach legen, danach hat er das meiste Aroma. Weißwein in das Bowlegefäß geben, den Waldmeister an einem Bindfaden hineinhängen und zugedeckt ca. 20 Minuten im Kühlschrank ziehen lassen. Den Waldmeister entfernen und Bowle mit Roséwein und Sekt aufgießen. Eventuell ein paar Minzeblätter oder Waldmeisterblüten hinzufügen.

Variante

Waldmeisterbowle mit Apfelwein wird wie Waldmeisterbowle zubereitet, nur dass Sie Wein und Sekt durch Apfelwein und kohlesäurehaltiges Mineralwasser ersetzen.

Waldmeisterbowle

- *2 Sträußchen Waldmeister*
- *1 Flasche Weißwein*
- *1 Flasche Roséwein*
- *1 Flasche Sekt*

Ansatzschnäpse

Das Ansetzen von Früchten und Kräutern in Alkohol hat eine lange Tradition. Grundsubstanz ist eine geeignete alkoholische Lösung, die in verschiedenen Qualitäten im Handel angeboten oder gar durch selbstständiges Brennen gewonnen wird. Während der Alkohol im Zweifel neutral ist, kommt der wesentliche Geschmack aus den Substanzen, die in den Alkohol gegeben, d. h. zusammen mit ihm angesetzt werden. Dies können die verschiedensten Früchte oder Kräuter sein. Die Verarbeitung von Früchten, die im Sommer gereift sind, erfolgt bevorzugt im Herbst und Winter. Im Frühjahr kommen Ansätze von Blüten oder frischen Trieben, etwa von Buche oder Fichte, hinzu. Die Bereitung von Kräuteransätzen erfolgt, sobald diese in der Natur frisch zur Verfügung stehen oder, zeitlich unabhängig, unter Verwendung getrockneter Kräuter. Bei der Wahl der Ansatzstoffe sind Ihrer Phantasie und Experimentierlust keine Grenzen gesetzt. Geschmack, Farbe und nicht zuletzt Aroma hängen von Ihren Vorlieben ab.

Grundsätzlich können Sie für Ansatzschnäpse sämtliche Früchte des Gartens, bevorzugt natürlich Beeren, aber auch Wildfrüchte wie Schlehen oder Hagebutten verwenden. An Kräutern bieten sich unter anderem Pfefferminze, Zitronenmelisse, Rosmarin, Thymian, Ysop oder Salbei an. Schließlich gibt es eine Vielzahl von Blüten und jungen Trieben: Holunder-, Linden-, Löwenzahn- oder rote Kleeblüten, Schafgarbe, Schlüsselblumen, wilde Veilchen, Fichtentriebe oder frische Buchenblätter.

Ausrüstung

Die zur Bereitung von Ansatzschnäpsen notwendigen Geräte finden sich praktisch in jedem Haushalt. Zum Waschen benötigt man einen **Durchschlag** oder ein entsprechend großes Sieb. Auch eine Salatschleuder ist zum Waschen und anschließenden Trocknen, insbesondere von Kräutern, geeignet.

Behälter müssen widerstandsfähig gegen Alkohol und Fruchtsäure sein! Am besten eignen sich Gefäße aus Glas, Edelstahl oder Kunststoff. Weithalsige Glasflaschen, eventuell auch Einmachgläser, sind ebenso tauglich wie attraktiv, weil sich darin der Extraktionsprozess jederzeit beobachten lässt.

Mit einem 1 bis 1,5 m langen **Schlauch** von etwa 1 cm Außendurchmesser kann der klare Teil des Ansatzes abgesaugt (abgezogen) werden kann. Der Schlauch ist so tief in die klare Flüssigkeit zu stecken, wie diese abgezogen werden soll, jedoch nicht tiefer, damit keine trüben Bestandteile angesaugt werden. Sobald am anderen Schlauchende durch Saugen Unterdruck erzeugt ist, wird dieses Ende sofort in den **Auffangbehälter** gehalten, der tiefer stehen sollte als das Ansatzgefäß. Wenn die Flüssigkeit einmal läuft, geht das Weitere von selbst. Der Vorgang kann jederzeit durch Herausziehen des Schlauches aus dem Ansatzgefäß gestoppt werden.

Der verbleibende Inhalt des Ansatzgefäßes wird mit einem **Sieb** in feste und flüssige Bestandteile getrennt. Die Festbestandteile können in einem **Seihtuch** aus Nylon oder in einer kleinen Beerenpresse ausgepresst werden. Die verbleibende Flüssigkeit ist zu filtern, sofern nicht Naturtrübe gewünscht wird. Üblicherweise verwendet man dafür etwas größere **Trichter** mit eingelegten Papierfiltern, die im Fachhandel in verschiedenen Dichten erhältlich sind. Notfalls tut es auch ein sauberer geruchsfreier Kaffeefilter mit Filtertüte.

Alkohol

Die Qualität des verwendeten Alkohols ist entscheidend. Ohne jeden Eigengeschmack ist **Neutralalkohol** mit 96 Vol.-% aus der Apotheke oder dem Fachhandel. Er ist relativ teuer und muss später mit Wasser auf Trinkstärke herabgesetzt werden. Verhältnismäßig neutral ist auch **Kornbrand** mit 38 Vol.-% oder **Wodka**. Der damit hergestellte Ansatzschnaps muss nicht mehr verdünnt werden. **Kernobstdestillate** verfügen über ein weit stärkeres Eigenaroma, das den Ansatzstoff unter Umständen übertönen kann. Dies gilt insbesondere für aromaschwache Ansatzstoffe wie Hagebutten, Brombeeren oder Heidelbeeren. Sie werden schnell von einem Obstbrand überlagert – je nach aufeinandertreffenden Sorten sogar regelrecht verfälscht. Die Verwendung von Alkohol derselben Sorte wie das anzusetzende Obst verstärkt das Aroma, ist aber nicht zwingend erforderlich.

Zustand und Vorbereitung der Ansatzstoffe

Genau wie der Alkohol müssen auch Früchte und Kräuter von bester Qualität sein. Früchte sollten vollreif und ohne Faulstellen, keinesfalls überreif sein. Die Früchte werden unter kaltem Wasser gewaschen, empfindliche Früchte wie Himbeeren oder Brombeeren werden vorsichtig abgebraust. Um einen maximalen Aufschluss durch den Alkohol zu ermöglichen, werden die Früchte zerkleinert, entsteint oder zerquetscht. Auch Blüten müssen voll ausgebildet sein und dürfen keine braunen Verfärbungen zeigen. Entsprechendes gilt für Kräuter. Sie sind trocken zu sammeln, am besten am späten Vormittag.

Zuckerzusatz

Grundsätzlich werden Ansatzschnäpse nicht gesüßt. Zur Harmonisierung des Geschmacks ist, je nach Reifegrad der Früchte, die Zugabe geringer Zuckermengen erforderlich. Empfehlenswert ist hier die Zugabe von Invertzuckersirup (s. S. 118). Er kann dem Ansatz direkt beigefügt werden, ist jedoch vorsichtig zu dosieren. Die Süßkraft der Ansatzfrucht wird vielfach unterschätzt. Später kann der Süßegrad nur noch durch Verdünnen und unter Beeinträchtigung des Geschmacks herabgesetzt werden. Besser, Sie geben den Zucker erst zu, nachdem der Ansatz gefiltert und (gegebenenfalls) auf Trinkstärke herabgesetzt ist.

Lagerung des Ansatzes

Ansatzschnäpse können ohne Weiteres in den Flaschen gelagert werden, in denen sich der zu ihrer Herstellung verwendete Alkohol befunden hat. Die Flaschen sind bereits durch den Alkohol desinfiziert. Sie können auch größere Flaschen mit 2 bis 5 Liter Inhalt verwenden. Ansatzschnäpse sollen dunkel und kühl gelagert werden. Die Lagerdauer hängt vom persönlichen Geschmack ab. Sie kann, je nach Sorte, einige Wochen oder auch ein bis zwei Jahre betragen.

Apfel-Vanille-Geist

Getrocknete Apfelringe und aufgeschnittene Vanillestangen in ein Ansatzgefäß geben, mit dem Obstwasser übergießen und 1 Woche an einem warmen Ort ziehen lassen.

Den Ansatz danach leicht abpressen, filtern und eventuell mit Zuckersirup süßen.

Apfel-Vanille-Geist

- *30 bis 50 g getrocknete Apfelringe*
- *1 bis 2 Vanillestangen*
- *1 Liter Obstwasser 38 Vol.-%*

Apfelringe und Apfeltee

Aromatische Äpfel schälen, vom Kerngehäuse befreien und in Ringe schneiden. Schalen in kleine Streifen schneiden und mit Apfelringen im Backofen oder auf der Heizung trocknen. Sie können die Ringe auch auf eine Schnur fädeln und über dem Kachelofen zum Trocknen aufhängen.

Nach ungefähr einer Woche dürften die Apfelringe noch elastisch, aber trocken sein und können in einer Plastiktüte oder gut verschließbaren Dosen aufbewahrt werden.

Die getrockneten Schalen können Sie mit Hagebutten, Holunderbeeren, Zitronen- oder Orangenschalen zu einem Tee kochen.

Blutwurzgeist

Blutwurz in eine weithalsige Flasche geben und mit Topinambur übergießen, 1 bis 2 Wochen an einem warmen Ort stehen lassen. Danach abseihen, filtern und in Flaschen füllen.

Blutwurzgeist

- *30 bis 50 g getrocknete, zerkleinerte Blutwurz*
- *1 l Topinamburschnaps (Destillat aus Süßkartoffeln)*

Blutwurzgeist mit Sternanis und/oder Zimt

Bei der Zubereitung dieser Variante verfahren Sie wie beim Blutwurzgeist mit Topinambur – fügen zusätzlich aber Sternanis und/oder Zimt hinzu.

Blutwurzgeist mit Sternanis und/oder Zimt

- *30 bis 50 g getrocknete und zerkleinerte Blutwurz*
- *1 l Korn 38 Vol.-%*
- *4 bis 6 g Sternanis*
- *1 Stange Zimt*

Buchengeist

Buchenblätter in ein Einmachglas legen und mit Korn übergießen. Die Blätter sollten vom Korn überdeckt sein, gegebenenfalls mit einem Löffel hinunterdrücken. Einmachglas mit Folie und Deckel gut verschließen. Ansatz 3 bis 5 Wochen an einem warmen Ort ohne direktes Sonnenlicht stehen lassen.

Danach abseihen, Blätter ausdrücken, Weinbrand und Zuckersirup hinzugeben und alles gut miteinander vermischen.

Buchengeist in Flaschen füllen und im kühlen Keller nachreifen lassen.

Buchengeist

- *¼ Liter frische, junge, zarte Buchenblätter*
- *Ca. ½ Liter Korn 38 Vol.-%*
- *⅛ l Weinbrand*
- *Ca. 200 ml Zuckersirup*

Hopfengeist

Hopfenblüten in ein gut verschließbares Glasgefäß geben, mit Korn übergießen, Kandis zugeben und 4 bis 6 Wochen an einem warmen Ort ziehen lassen. Achten Sie darauf, dass die Hopfenblüten immer mit dem Korn bedeckt sind. Täglich schütteln. Sofern Sie mit Zuckersirup süßen wollen, jetzt zugeben. Danach filtern und in Flaschen abfüllen.

Tipp > Hopfen beruhigt das Nervensystem und sorgt für einen gesunden und tiefen Schlaf.

Hopfengeist

- *50 g Hopfenblüten (frisch oder getrocknet)*
- *1 l Korn 38 Vol.-%*
- *Zuckersirup oder Kandis nach Geschmack*

Kümmelgeist

Kümmel in einem Mörser leicht anstoßen, mit Korn und Kandis (nach Geschmack) in ein Glasgefäß füllen, gut verschließen und ca. 6 Wochen an einem warmen Platz ziehen lassen. Wenn Sie Kandis verwenden, sollten Sie den Ansatz täglich umrühren bzw. schütteln, sodass sich der Kandis löst. Sofern Sie mit Zuckersirup süßen, vor dem Filtern zugeben. Ansatz filtern und in Flaschen füllen. Kümmelgeist nochmals zwei Wochen nachreifen lassen.

Tipp > Kümmelgeist hilft gegen Blähungen, Verdauungsstörungen und Magen- bzw. Bauchweh.

Kümmelgeist

- *60 bis 80 g Kümmel*
- *1 l Korn 38 Vol.-%*
- *150 bis 200 ml Zuckersirup oder 150 g Kandis*

Rotkleegeist

Rotkleeblüten in ein gut verschließbares Ansatzgefäß geben, mit Wodka aufgießen, Kandis zugeben und 4 bis 6 Wochen an einem warmen Ort ziehen lassen. Täglich schütteln, sodass sich der Kandis löst. Danach abseihen, die Rotkleeblüten, die jetzt hell sind, leicht ausdrücken. Sofern Sie mit Zuckersirup süßen wollen, jetzt zugeben. Filtern und in Flaschen füllen. Diesen ungewöhnlichen Geist mit seinem besonderen Geschmack unbedingt im Keller nachreifen lassen.

Rotkleegeist

- *1/4 l frisch gepflückte aufgeblühte Rotkleeblüten*
- *1 l Wodka 38 Vol.-%*
- *Zuckersirup oder Kandis nach Geschmack*

Schlehengeist

Schlehen mit Korn oder Zwetschgenwasser in einem Glasgefäß ansetzen und ca. 6 Wochen an einem warmen Ort ziehen lassen.

Danach abgießen, die Schlehen abpressen, Portwein hinzugeben und nach Geschmack süßen. Danach filtern und in Flaschen füllen.

Tipp > Schlehen können erst nach einem Frost geerntet werden.

Schlehengeist

- *500 g Schlehen*
- *1 l Korn 38 Vol.-% oder 1 l Zwetschgenwasser 38 oder 40 Vol.-%*
- *100 bis 150 ml Portwein*
- *Zuckersirup nach Geschmack*

Tannenschösslinggeist

Tannenschösslinge in ein gut verschließbares Glasgefäß geben, mit Wodka übergießen und ca. 4 Wochen an einem kühlen Platz ziehen lassen. Wenn Kandis hinzugefügt wird, muss täglich umgerührt werden, damit er vergeht.

Danach alles abgießen und die Tannenschösslinge ausdrücken. Sofern Sie mit Zuckersirup süßen wollen, jetzt zugeben. Filtern, in Flaschen abfüllen und 2 Monate im Keller ruhen und reifen lassen.

Tipp > Heiße Tannenschösslingmilch gegen Husten: 250 ml Milch erhitzen und mit dem Schneebesen ca. 2 bis 3 EL Tannenschösslingsirup untermischen. Dieses Getränk sollte so heiß wie möglich getrunken werden.

Tannenschösslinggeist

- *1/4 l frische, junge Tannenschösslinge*
- *1 l Wodka 38 Vol.-%*
- *Zuckersirup oder Kandis nach Geschmack*

Wacholdergeist

Wacholderbeeren (entweder ganz oder leicht in einem Mörser angestoßen) in eine weithalsige Flasche geben und mit Korn übergießen. 4 bis 5 Wochen an einem warmen Platz ziehen lassen.

Danach abseihen, Zuckersirup nach Geschmack zugeben, filtern und im Keller nachreifen lassen. Je länger er liegt, umso besser wird er.

Wacholdergeist

- *Ca. 80 g Wacholderbeeren*
- *1 l Korn 38 Vol.-%*
- *Zuckersirup nach Geschmack*

Likör

Likör ist ein Mischgetränk aus Alkohol, Zucker und geschmacklichen Komponenten wie Früchten, Fruchtsäften, Kräutern, Gewürzen oder nur deren Aromen. Solange Liköre nur für den privaten Gebrauch hergestellt werden, entspricht die Zusammensetzung ausschließlich dem persönlichen Geschmack des »Produzenten«.

Ausrüstung

- Genaue Haushaltswaage mit 2-g-Schritten
- Verschieden große Messbecher und Standgläser mit kleinteiliger Messskala
- Verschieden große Trichter aus Glas, Kunststoff oder Edelstahl
- Papierfilter verschiedener Dichte
- Zauberstab, Mixer, Kartoffelstampfer zum Zerkleinern der Früchte
- Elektrischer Entsafter für größere Mengen Früchte
- Zitruspresse für kleinere Mengen
- Abseihtuch und/oder Filterbeutel

Alkohol

Für die Bereitung von Likör kommt Alkohol verschiedener Art in Betracht. Am besten eignet sich Neutralalkohol mit ca. 96 Vol.-% aus dem Fachhandel oder der Apotheke. Natürlich kann ein Brenner auch selbst erzeugten Alkohol verwenden, z. B. Obst- oder Kornbrand. Dieser hat jedoch immer einen Eigengeschmack, der als störend empfunden werden kann. Ein Brand der Obstsorte, aus der auch der Likör hergestellt wird, trägt zur Verfeinerung bei.

Zucker

Vom Haushaltszucker zum Zuckersirup

Haushaltszucker (Saccharose) löst sich nur schwer in alkoholischen Flüssigkeiten. Deshalb stellt man in der Regel eine Zuckerlösung her. Dieser Invertzuckersirup wird häufig einfach als **Zuckersirup** bezeichnet: 1 kg Haushaltszucker in 450 ml Wasser verrühren, 2 g Zitronensäure zusetzen und die Lösung ungefähr 10 bis 15 Minuten aufkochen. Die auf der Oberfläche entstehende Schaumschicht mit einem Schaumlöffel entfernen, fertige Lösung in einen Messbecher füllen. Wenn weniger als 1 Liter Zuckerlösung entstanden ist, mit heißem Wasser auffüllen. Sofort verbrauchen oder, vor Verunreinigungen geschützt, kühl lagern.

Glucosesirup

Glucosesirup erhöht die Sämigkeit des Likörs, süßt allerdings nur halb so stark wie Saccharose. Da der Sirup in kaltem Zustand dickflüssig ist, muss er vor der Verarbeitung in einem Wasserbad erwärmt werden. Er ist grundsätzlich kühl zu lagern. Glucosesirup ist im Fachhandel nur in größeren Mengen erhältlich – fragen Sie Ihren Bäcker, ob er Ihnen die benötigte Menge verkauft.

Verarbeitung der Früchte

Die Früchte sollten vollreif, aber nicht überreif sein, da sonst unerwünschte Veränderungen des Aromas auftreten können. Angegorene Früchte sind unschädlich. Bei der Likörbereitung können ganze Früchte, Fruchtsäfte oder Fruchtwein verwendet werden (eventuell auch alkoholische Auszüge aus Pressrückständen). Bevorzugte Grundlage ist Fruchtsaft. Liköre aus Fruchtweinen haben aufgrund der Gärung ein anderes Aroma als Liköre aus reinen Fruchtsäften. Dabei kann das Fruchtaroma weitgehend übertönt, bei Früchten mit ausgesprochen zartem Aroma sogar regelrecht unterdrückt werden. Steinobst sollte grundsätzlich entsteint werden. Wegen ihres Gehalts an giftiger Blausäure dürfen maximal 20 % der Steine weiterverarbeitet werden. Vor dem Pressen sollte die Fruchtmaische mit einer **Pektinase** behandelt werden, um das in den Früchten enthaltene Pektin abzubauen. Dieser Bestandteil der pflanzlichen Zellwand lässt den Fruchtsaft bei Zugabe von Alkohol gelieren und verursacht Trübungen – ein Effekt, der bei Likör ausgesprochen unerwünscht ist. Pektolytische Enzyme (Pektinasen) bauen Pektine ab. Sie sind in Apotheken oder im Fachhandel für Kellereibedarf als Pulver oder flüssig erhältlich. Die Dosierung erfolgt nach der beigefügten Anleitung. Bei der Anwendung ist darauf zu achten, dass die Fruchtmaische nicht zu kalt ist. Bei Temperaturen von mindestens 20 °C arbeitet das Enzym besonders effektiv. Nach einer Einwirkdauer von maximal 24 Stunden können die Früchte abgepresst werden.

Um die Wirkung der Pektinase zu kontrollieren, gibt man eine geringe Menge des ausgepressten Fruchtsaftes und eine gleich große Menge Alkohol in ein Glasgefäß (z. B. Reagenz- oder Likörglas). Stellt sich nach der Vermischung von Saft und Alkohol keine Gelierung ein, ist das Pektin vollständig abgebaut.

Ansetzen von Früchten

Das Ansetzen von Früchten ist die älteste und im häuslichen Bereich überwiegend praktizierte Methode bei der Likörherstellung. Dabei werden grob zerkleinerte Früchte mit **hochprozentigem Alkohol** (mindestens 60 Vol.-%) übergossen. Der Alkohol löst die unter der Fruchthaut sitzenden Geschmacks- und Farbstoffe. Vor der Zugabe des Alkohols sollten die grob zerkleinerten (oder bei empfindlichem Obst wie Erd-, Him- oder schwarzen Johannisbeeren nur angestoßenen) Früchte mit Pektinase behandelt werden. Bei Früchten mit hohem Wassergehalt braucht man Neutraalkohol mit 96 Vol.-%, um einen Ansatz mit einem gewünschten Alkoholgehalt von etwa 40 bis 50 Vol.-% zu erhalten. Wählen Sie die Menge so, dass alle Früchte mit Alkohol bedeckt sind. Der Ansatz muss in einem geschlossenen Gefäß (z. B. Ballonflasche, Rumtopf oder großes Einmachglas) 2 bis 3 Wochen an einem warmen, eher dunklen, keinesfalls der Sonne ausgesetzten Platz stehen. Danach wird er über ein Seihtuch gefiltert. Die aufgefangenen Früchte sind von Hand nachzupressen, da darin noch wesentliche Alkoholmengen enthalten sind. Damit steht der Extrakt zur weiteren Verarbeitung bereit.

Die Herstellung von Likören war bereits im 13. Jahrhundert bekannt und findet ihren Ursprung in Italien (ital. liquore = Flüssigkeit). Liköre waren zunächst nichts anderes als durch Früchte, Fruchtsaft oder Honig »versüßte« Medizin. Im 16. Jahrhundert gelangte die Kunst der Likörzubereitung mit Katharina von Medici an den französischen Hof, wo sie fortentwickelt und mit großem Raffinement zur Blüte gebracht wurde.

Apfellikör

Äpfel waschen, mit Schale klein schneiden, Kerngehäuse entfernen. Da sich Äpfel an der Luft schnell braun verfärben, sofort nach dem Schneiden mit Zitronensaft übergießen. Apfelstücke, Apfel-, Zitronensaft und Pektinase vermischen, in ein verschließbares Gefäß geben und über Nacht wirken lassen.

Am nächsten Tag Vanille- und Zimtstange, Rosinen und 300 ml Apfelbrand hinzugeben und alles ca. 2 bis 3 Wochen stehen lassen.

Den Ansatz anschließend über ein Abseihtuch leeren, den Extrakt ablaufen lassen und mit der Hand auspressen. Über den Fruchtrückstand so viel Wasser gießen, bis ein Gesamtextrakt von 500 ml gewonnen ist. Extrakt mit dem restlichen Apfelbrand und Zuckersirup vermischen und mit Wasser auf 1 Liter Likör auffüllen. Eventuell muss noch etwas Zitronensäure hinzugefügt werden, um das Süß-sauer-Verhältnis zu harmonisieren. Nach einer Ruhezeit von 2 Wochen Likör filtern und in Flaschen abfüllen.

Apfellikör
ca. 20 Vol.-%

- *500 g aromareiche Äpfel, z. B. Cox Orange, Gewürzluike oder Idared (wenn der Likör rötlich sein soll)*
- *Saft von 1 Zitrone*
- *50 ml Apfelsaft*
- *1/2 TL Pektinase*
- *1 Vanillestange*
- *1 Zimtstange*
- *20 g Rosinen*
- *500 ml Apfelbrand 40 Vol.-% (im Idealfall sortenrein entsprechend der gewählten Apfelsorte)*
- *220 ml Zuckersirup*

Brombeerlikör

Brombeeren sauber abbrausen, mit einem Kartoffelstampfer zerdrücken, Pektinase zugeben, in ein verschließbares Gefäß geben und über Nacht wirken lassen. Danach Neutralalkohol, Wasser und Zitronenmelisse zusetzen. Zwei Wochen stehen lassen und Ansatz täglich umrühren.

Den Extrakt anschließend durch ein Abseihtuch ablaufen lassen, Brombeermus von Hand nachpressen. Der Gesamtextrakt sollte 600 ml betragen und wird, wenn nötig, mit Wasser aufgefüllt.

Brombeergeist und Zuckersirup dazugeben, alles filtern und in Flaschen abfüllen.

Brombeerlikör
ca. 21 Vol.-%

- *600 g Brombeeren*
- *1/2 TL Pektinase*
- *210 ml Neutralalkohol 96 Vol.-%*
- *50 ml Wasser*
- *4 bis 6 Blätter Zitronenmelisse*
- *150 ml Brombeergeist 40 Vol.-%*
- *250 ml Zuckersirup*

Erdbeerlikör

Erdbeeren waschen, je nach Größe halbieren oder vierteln, in ein Gefäß schichten, leicht anquetschen, Pektinase zugeben und über Nacht wirken lassen. Danach mit Alkohol übergießen.

Ansatz nach ca. 2 Wochen in ein Seihtuch geben, Flüssigkeit ablaufen lassen und mit der Hand nachpressen. Das Seihtuch mit der restlichen Fruchtmasse in einen Trichter legen und so viel Wasser darüber gießen, dass insgesamt ca. 600 ml Extrakt im Messbecher sind.

Wodka und Zuckersirup beimischen. Nach einer Ruhezeit von ca. 2 Wochen filtern und in Flaschen abfüllen.

Erdbeerlikör ca. 24 Vol.-%

* *500 g reife Erdbeeren*
* *1/2 TL Pektinase*
* *250 ml Neutralalkohol 96 Vol.-%*
* *Wasser nach Bedarf*
* *100 ml Wodka*
* *250 ml Zuckersirup*

Erdbeertiramisu

Mit diesem Likör lässt sich ein wunderbares Erdbeertiramisu zubereiten

Biskuits in eine flache Schale legen. Milch mit Kakao und Zucker mischen und darüber geben.

Erdbeeren waschen, in Scheiben schneiden und darauf legen. Erdbeerlikör darüber träufeln. Mandelblättchen mit Zucker in Butter bräunen, auf einem Teller auskühlen lassen und über die Erdbeeren streuen.

Quark mit Milch, Zucker und Vanillezucker glatt rühren und auf die gerösteten Mandeln geben. Kakao deckend darüber sieben. 2 bis 3 Stunden im Kühlschrank ziehen lassen.

Erdbeertiramisu

Für den Boden

* *80 g Löffelbiskuit, 80 ml heiße Milch, 1 EL Kakao, etwas Zucker*

Für den Belag

* *500 g Erdbeeren, 3 bis 4 EL Erdbeerlikör, 30 g Mandelblättchen, etwas Zucker, Butter*

Für die Creme

* *300 g Quark (40 %), 80 ml Milch, 1 EL Zucker, 1 EL Vanillezucker, Kakaopulver*

Erdbeer-Rhabarber-Likör

Rhabarber in 2 cm große Stücke schneiden, in etwas Wasser erhitzen und al dente kochen. Junge zarte Stängel brauchen dafür 3 bis 5 Minuten. Rhabarberstücke abkühlen lassen und weiter verfahren wie beim Rezept für Erdbeerlikör.

Erdbeer-Rhabarber-Likör ca. 20 Vol.-%

* *170 g roter Rhabarber*
* *330 g Erdbeeren*
* *1/2 TL Pektinase*
* *190 ml Neutralalkohol 96 Vol.-%*
* *50 ml Wodka 40 Vol.-%*
* *250 ml Zuckersirup*

Hagebutten sind Wildfrüchte mit einem sehr hohen Vitamin-C-Gehalt. Sie zählen zu den Rosengewächsen. Die Frucht kann kugelig bis eiförmig aussehen und sollte spät geerntet werden – am besten nach dem ersten Frost. Die Frucht wird dadurch weich und kann leichter verarbeitet werden. Doch Vorsicht beim Ernten: immer nur langärmelig, sonst sind die ganzen Arme zerkratzt, da die Zweige Dornen haben.

Hagebuttenlikör

Früchte putzen, waschen, mit einem Mixer grob zerkleinern und in ein verschließbares Ansatzgefäß schichten. Pektinase mit 200 ml Wasser zufügen. Ansatz bei Raumtemperatur eine Nacht stehen lassen.

Am nächsten Tag die aufgeschnittene Vanilleschote, Neutralalkohol und weitere 200 ml Wasser zufügen. Diesen Ansatz 10 Tage an einem warmen Ort ruhen lassen und gelegentlich umrühren.

Danach die festen Bestandteile über ein Seihtuch abtrennen, Hagebuttenreste mit der Hand ausdrücken, Zuckersirup zuführen und mit Wasser auf 1 Liter Likör auffüllen. Likör filtern und in Flaschen füllen.

Tipps

> Die Hagebutte der Kartoffelrose ist am größten und ergiebigsten.

> Wenn Sie zu dem fertigen Likör ein paar kleine Hagebutten in die Flasche geben, haben Sie im Handumdrehen ein dekoratives Geschenk.

Hagebuttenlikör
ca. 19 Vol.-%

- *500 g Hagebutten*
- *1/2 TL Pektinase*
- *1 Vanilleschote*
- *200 ml Neutralalkohol 96 Vol.-%*
- *250 ml Zuckersirup*

Heidelbeerlikör mit Vanille

Die gewaschenen Beeren im Mixer zerkleinern, Pektinase zugeben und in ein verschließbares Gefäß schichten. Am nächsten Tag Neutralalkohol, Wasser und die aufgeschnittene Vanilleschote hinzufügen. Für 2 Wochen an einen warmen Ort stellen.

Beerenextrakt anschließend durch ein Abseihtuch laufen lassen und das Beerenmus von Hand nachpressen. Es sollten 600 ml Beerenextrakt vorhanden sein, gegebenenfalls so viel Wasser über das Abseihtuch laufen lassen, bis diese Menge erreicht ist. Rotwein und Zuckersirup hinzugeben. Nach einer weiteren Ruhezeit von ca. 2 Wochen filtern und in Flaschen abfüllen.

Heidelbeerlikör mit Vanille
ca. 20 Vol.-%

- *500 bis 600 g Heidelbeeren*
- *1/2 TL Pektinase*
- *210 ml Neutralalkohol 96 Vol.-%*
- *150 ml Wasser*
- *1 Vanilleschote*
- *150 ml Rotwein*
- *250 ml Zuckersirup*

Himbeerlikör

Himbeeren vorsichtig abbrausen, in ein verschließbares Gefäß füllen, Pektinase zugeben, leicht andrücken und über Nacht wirken lassen. Am nächsten Tag mit Neutralalkohol übergießen. Ansatz ca. 3 Wochen an einen warmen Ort ohne Sonneneinstrahlung stellen, ab und zu umrühren.

Ansatz danach in ein Seihtuch geben, Extrakt ablaufen lassen, Beeren zum Schluss mit der Hand nachpressen. Der Gesamtextrakt soll 500 ml ergeben, gegebenenfalls mit Wasser ergänzen. Himbeersirup, Zuckersirup und Himbeergeist hinzufügen. Ca. 150 ml Wasser aufgießen, sodass Sie 1 Liter Himbeerlikör erhalten.

Likör nach einer Ruhezeit von ca. 2 Wochen filtern und in Flaschen abfüllen.

Tipps

> Besonders intensiv wird dieser Likör mit Waldhimbeeren.

> Mit ein paar Himbeeren, Crushed Ice oder Eiswürfeln und Prosecco oder Sekt wird er zu einem wunderbaren Aperitif.

Himbeerlikör
ca. 20 Vol.-%

* *500 g reife Himbeeren*
* *1/2 TL Pektinase*
* *190 ml Neutralalkohol 96 Vol.-%*
* *100 ml Himbeersirup*
* *150 ml Zuckersirup*
* *100 ml Himbeergeist 40 Vol.-%*

Holunderlikör

Blütenansatz

Holunderdolden zur Blütezeit ernten, nur die Blüten in ein Ansatzgefäß »kämmen« und mit Wodka übergießen. Den Ansatz ca. 2 Wochen in einem verschlossenen Gefäß ziehen lassen. Extrakt danach über ein Seihtuch abgießen, Blüten ausdrücken und die Flüssigkeit wieder gut verschlossen aufbewahren.

Likörbereitung

Holundersaft, Blütenansatz, Neutralalkohol und Holundersirup vermischen. Mit Wasser bis zu 1 Liter Likör auffüllen.

Holunderlikör
ca. 18 Vol.-%

Für den Blütenansatz

* *6 bis 8 große Holunderblütendolden*
* *200 ml Wodka*

Für den Likör

* *400 ml Holundersaft (im Dampfentsafter ohne Stiele entsaftet)*
* *200 ml Holunderblütenextrakt (= Blütenansatz)*
* *100 ml Neutralalkohol 96 Vol.-%*
* *250 ml Holunderblütensirup*

Schwarze Johannisbeeren enthalten sehr viele Pektine. Um diese abzubauen, können Sie den Beeren entweder ein Enzym (Pektinase) zusetzen oder sie vergären lassen.

Johannisbeerlikör

Beeren zerdrücken, in eine weithalsige Flasche füllen, diese mit einem Gäraufsatz versehen. Auch wenn nicht zwingend erforderlich, immer eine Aromahefe (nach Anleitung) zugeben, damit eine reintönige und saubere Vergärung abläuft. Denn Essigbakterien vermehren sich zehnmal schneller als Hefepilze. Die Gärtemperatur sollte bei ca. 18 °C liegen. Die Gärung ist nach ca. 2 Wochen abgeschlossen.

Anschließend den gesamten Inhalt des Gärgefäßes auf ein Abseihtuch geben, Flüssigkeit über Nacht ablaufen lassen, Beerenrückstand von Hand nachpressen.

Den vergorenen Saft mit 250 ml Wodka mischen und in ein verschließbares Gefäß geben. Rest des Beerenrückstandes und restlichen Wodka mit frischen Johannisblättern dazugeben und weitere 2 Wochen ziehen lassen. Über ein Abseihtuch ablaufen lassen und nochmals nachpressen.

Tipps

> Der Ansatz kann auch unter Zusatz von weißen und roten Johannisbeeren im Verhältnis von 4 schwarz zu 1 weiß und/oder rot hergestellt werden.

> Für Kir Royal etwa 1 cl Cassis in Champagnergläser geben und mit Champagner aufspritzen.

Johannisbeerlikör (Cassis)
ca. 21 Vol.-%

Beerenansatz

- *500 g schwarze Johannisbeeren*
- *500 ml Wodka*
- *1 g Aromahefe*
- *5 bis 8 junge Johannisblätter*

Likörbereitung

Johannisbeersaft mit Beerenrückständeextrakt, Portwein und Zuckersirup vermischen. Mit Wasser auf 1 Liter Likör auffüllen. Nach einer Reifezeit von 2 bis 3 Wochen filtern und in Flaschen füllen.

Likör

- *500 ml vergorener, mit Wodka versetzter Johannisbeersaft (s. oben)*
- *250 ml Beerenrückständeextrakt*
- *50 ml Portwein*
- *300 ml Zuckersirup*

Die Kornelkirsche ist eine Wildfrucht und gehört zur Familie der Hartriegelgewächse. Die kleinen gelben Blüten sieht man Ende Februar/Anfang März. Ein wunderschöner Frühjahrsblüher. Die Früchte (2 cm groß) haben wenig Fruchtfleisch und einen großen Stein. Die Frucht ist zunächst hell- und bei Vollreife dunkelrot. Erntezeit ist ab September für ca. 6 bis 8 Wochen.

Kirsch-Eierlikör

- Eigelb und Zuckersirup mit Handmixer oder Zauberstab schaumig schlagen, Eiweiß unterrühren.
- Kirschwasser ganz langsam unter ständigem Rühren dazugeben, bis eine homogene Masse entsteht. Vanillestange ausschaben und mit Wasser bis auf 1 l Gesamtmenge durch ständiges Rühren einarbeiten.
- Masse in einem Wasserbad auf 50 °C erhitzen. Benutzen Sie ein Thermometer, das ständig in der Masse steckt. Arbeiten Sie sehr sorgfältig – andernfalls kann der Kirsch-Eierlikör »ausfällen«, d. h. eine Phasentrennung der Inhaltsstoffe erfolgen. Qualitativ ist dies zwar unschädlich, optisch aber unschön.
- Den Likör zugedeckt abkühlen lassen und vor dem Abfüllen noch einmal kräftig durchrühren. Im Kühlschrank aufbewahren und innerhalb von 4 Wochen verbrauchen.

Kirsch-Eierlikör
ca. 20 Vol.-%

- *15 Eigelb*
- *250 ml Zuckersirup*
- *1 Eiweiß*
- *280 ml Kirschwasser 70 Vol.-%*
- *1 Vanillestange*

Kornelkirschlikör

- Kornelkirschen mit Steinen ca. 10 Minuten mit Wasser in einem Topf erhitzen, aber nicht kochen. Durch die Flotte Lotte drehen, Mus in einem verschließbaren Gefäß auffangen, Pektinase zugeben und über Nacht einwirken lassen. Am nächsten Tag mit Neutralalkohol übergießen. Es sollte eine Gesamtmenge von 600 ml vorhanden sein, gegebenenfalls mit Wasser auffüllen.
- Kirschwasser und Kirschsteine zum Ansatz geben, ca. 3 Wochen ziehen lassen. Danach Ansatz über ein Abseihtuch gießen, Flüssigkeit ablaufen lassen, Kirschmus mit der Hand abpressen.
- Zuckersirup dazugeben und mit Wasser auf 1 Liter Likör auffüllen.

Kornelkirschlikör
ca. 21 Vol.-%

- *600 g vollreife Kornelkirschen*
- *150 ml Wasser*
- *1/2 TL Pektinase*
- *210 ml Neutralalkohol 96 Vol.-%*
- *100 ml Kirschwasser 40 Vol.-%*
- *10 Kirschsteine*
- *250 ml Zuckersirup*

Mispellikör

Mispeln vom Stielansatz her teilweise schälen und das Mispelmus aus der Schale in ein Gefäß drücken. Pektinase über das Mus geben und über Nacht einwirken lassen.

Limettensaft und Apfelbrand hinzugeben, alles gut vermischen und 2 bis 3 Wochen an einem warmen Ort ziehen lassen.

Ansatz über ein Abseihtuch abgießen, mit der Hand nachpressen und so viel Wasser nachschütten, bis 500 ml Gesamtextrakt im Messbecher sind. Extrakt, Mispelbrand und Zuckersirup miteinander vermischen, filtern und mit Wasser auf 1 Liter Likör ergänzen. Danach in Flaschen abfüllen.

Mispellikör
ca. 24 Vol.-%

- *600 g reife Mispeln*
- *1/2 TL Pektinase*
- *Saft von einer Limette*
- *400 ml Apfelbrand 40 Vol.-%*
- *200 ml Mispelbrand 40 Vol.-%*
- *250 ml Zuckersirup*

Pflümli-Likör

Pflaumen waschen, halbieren, entsteinen, in ein Gefäß füllen, Pektinase zugeben und über Nacht einwirken lassen. Am nächsten Tag mit Zwetschgenwasser übergießen. Ein paar Pflaumensteine aufschlagen und die dabei gewonnenen Mandeln zusammen mit der Zimtstange zum Ansatz geben. Die Zugabe der Mandeln bewirkt, dass ein sogenannter Bitter-mandelton (= marzipanartig) entsteht. 3 bis 4 Wochen an einem warmen Ort stehen lassen und immer wieder schütteln.

Ansatz in ein Abseihtuch geben, sodass der Extrakt ablaufen kann. Pflaumen gegen Ende im Abseihtuch mit der Hand nachpressen. Abseihtuch in einen Trichter legen und so viel Wasser darüber gießen, dass insgesamt 600 ml Extrakt im Messbecher sind.

Likör durch einen Papierfilter gießen, Zuckersirup untermischen und mit Wasser auf 1 l Likör ergänzen.

Tipp > Ein Schuss warmen Likör zum Espresso geben, mit Sahnehäubchen und Schokosplitter garnieren.

Pflümli-Likör
ca. 26 Vol.-%

- *600 g Pflaumen*
- *1/2 TL Pektinase*
- *500 ml Zwetschgenwasser 40 Vol.-%*
- *1 Zimtstange*
- *250 ml Zuckersirup*

Quittenlikör

Quitten waschen und darauf achten, dass die feinen Härchen auf der Schale vollständig entfernt werden (sie enthalten ätherische Öle, die bei Nichtentfernen einen ranzigen Geschmack abgeben). In der Küchenmaschine zerkleinern und im Wasser etwa 15 Minuten bei geringer Hitze köcheln lassen.

Früchte abkühlen lassen, über ein Abseihtuch abgießen, mit der Hand nachpressen, die Flüssigkeit mit 200 ml des Birnenbrands haltbar machen und den mit Alkohol versetzten Quittensaft aufheben.

Den abgepressten Fruchtrückstand, eine aufgeschnittene Vanillestange und den restlichen Birnenbrand in einem verschließbaren Gefäß ca. 3 Wochen an einem warmen Ort ziehen lassen.

Anschließend den ganzen Ansatz wieder in ein Abseihtuch geben, die Flüssigkeit ablaufen lassen, mit der Hand nachpressen und danach Wasser über den Fruchtrückstand laufen lassen, bis ein Gesamtextrakt von 250 ml vorhanden ist.

Den mit Alkohol versetzten Quittensaft (etwa 300 ml), den Quittenextrakt und 100 ml Quittenbrand mit Zuckersirup vermischen und mit Wasser auf 1 Liter Likör auffüllen. Nach 4 Wochen filtern und in Flaschen abfüllen.

Tipps

> Ideal sind Birnenquitten, sie haben ein stärkeres Aroma.

> Legen Sie ein paar reife Quitten in eine Obstschale und stellen diese in Ihrem Wohnzimmer auf. Die Quitten entfalten ein wunderbares Aroma.

Quittenlikör
ca. 20 Vol.-%

- *600 g Quitten*
- *150 ml Wasser*
- *400 ml Birnenbrand 40 Vol.-%*
- *1 Vanillestange*
- *100 ml Quittenbrand 40 Vol.-%*
- *250 ml Zuckersirup*

Salbeilikör

- Salbeiblätter in ein verschließbares Gefäß schichten, mit Korn übergießen und ca. 1 Woche an einem warmen Ort stehen lassen. Ansatz danach über ein Abseihtuch gießen und Salbeiblätter leicht mit der Hand ausdrücken.

- Mit Zuckersirup vermischen und mit Wasser auf 1 Liter Likör auffüllen.

Salbeilikör
ca. 20 Vol.-%

- *20 g frische Salbeiblätter*
- *600 ml Korn 32 Vol.-%*
- *300 ml Zuckersirup*

Schlehenfeuer

- Schlehen waschen und mit Kernen leicht anquetschen. Die gequetschten Früchte in ein verschließbares Gefäß geben und mit Wodka 2 bis 3 Wochen an einem warmen Ort stehen lassen.

- Ansatz mit einem Abseihtuch entsaften, Schlehen von Hand nachpressen und so viel Wasser darüber gießen, bis ca. 500 ml Extrakt erreicht sind.

- Schlehenextrakt mit Zwetschgenwasser und Zuckersirup vermischen und mit Wasser auf 1 Liter Likör ergänzen.

Tipp > Wegen des hohen Gerbsäuregehalts (herbsäuerlich) können die Früchte erst nach dem Frost geerntet werden.

Schlehenfeuer
ca. 20 Vol.-%

- *300 g Schlehen*
- *400 ml Wodka 40 Vol.-%*
- *100 ml Zwetschgenwasser 40 Vol.-%*
- *300 ml Zuckersirup*

Tipps

- Ernten Sie die Nüsse Ende Juni/Anfang Juli, wenn sie mit dem Messer noch gut zu schneiden sind.
- Bei der Bearbeitung wegen der Farbe unbedingt Handschuhe tragen.

Walnusslikör

Nüsse mit Schalen in Scheiben schneiden, in ein Gefäß schichten, mit Korn übergießen und 2 bis 3 Monate ziehen lassen.

Abseihen, mit Rotwein und Zuckersirup vermischen und 12 Monate reifen lassen. Je länger der Likör reift, umso sämiger und besser wird er.

Walnusslikör
ca. 20 Vol.-%

- *10 bis 15 grüne unreife Walnüsse ohne schwarze Stellen*
- *500 ml Korn*
- *150 ml ausdrucksstarker Rotwein*
- *300 ml Zuckersirup*

Zimtlikör

Korn mit zerkleinerten Zimtstangen in ein Ansatzgefäß geben. Ansatz 3 bis 4 Wochen an einem warmen Ort ziehen lassen.

Danach über ein Seihtuch filtern und Zuckersirup dazugeben. Likör mit Wasser auf 1 l ergänzen und in Flaschen füllen.

Tipp > Statt Zimt können Sie auch Sternanis mit feinen Orangenstreifen ansetzen. Achten Sie darauf, dass es sich um Bio-Orangen handelt, von denen nur die Schale, nicht die weiße Haut verwendet werden darf – ansonsten wird der Likör bitter.

Zimtlikör
ca. 20 Vol.-%

- *600 ml Korn 32 Vol.-%*
- *3 Zimtstangen*
- *250 ml Zuckersirup*

Zitronenverbenenlikör

Zitronenverbenenkraut mit der in dünne Streifen geschnittenen Orangenschale in ein weithalsiges Gefäß schichten, mit Wodka übergießen und ca. 1 Woche stehen lassen.

Den Ansatz über ein Abseihtuch abgießen und die Blätter leicht mit der Hand ausdrücken.

Zuckersirup hinzufügen und mit Wasser auf 1 l Likör auffüllen.

Zitronenverbenenlikör
ca. 24 Vol.-%

- *20 bis 25 g frisches Zitronenverbenenkraut*
- *Schale einer Bio-Orange*
- *600 ml Wodka 40 Vol.-%*
- *250 bis 300 ml Zuckersirup*

Essig – das Multitalent

Essigherstellung im Überblick

Ob für den privaten Hausgebrauch oder für industrielle Großmengen – bei der natürlichen Erzeugung von Essig werden einer Flüssigkeit immer Essigsäurebakterien zugesetzt. Sobald Sauerstoff und Wärme an die Flüssigkeit gelangen, werden sie aktiv und verwandeln Alkohol und Zucker zu Essigsäure, Wasser und Wärme. Solange Säfte, Wein und Most luftdicht gelagert werden, sind sie also vor Essigbakterien geschützt.

Zur Essigherstellung gibt es neben synthetischen auch verschiedene biologische Verfahren auf der Basis von alkohol- und zuckerhaltigen Flüssigkeiten. Die bewährteste Methode ist das **Oberflächenverfahren**. Hierbei werden die Bakterien der Flüssigkeit in Form einer **Essigmutter** zugesetzt. Die Essigmutter ist eine schlierige Haut aus Essigsäurebakterien, die sich an der Oberfläche bildet, sobald alkoholhaltige Flüssigkeiten längere Zeit offen im Warmen stehen. Damit also möglichst viel Luft und Wärme an die Flüssigkeit gelangen, verwendet man **Gefäße mit einer großen Öffnung**, stellt sie an einen mit 25 bis 28 °C temperierten Ort und wartet, bis der Alkohol in Essigsäure umgewandelt wurde. Einfach, aber zeitintensiv: Haben Sie Geduld, denn die Gärzeit dauert einige Wochen.

Ist der Alkohol vollständig in Essigsäure umgewandelt, wird der Essig unter der Haut vorsichtig abgelassen. Teilweise wird der Essig danach in Fässern gelagert, sodass sich sein Aroma durch Reifungsprozesse nochmals verbessert.

Schritt für Schritt zum Essig

Füllen Sie vergorenen Most oder Kirschwein in ein größeres Gefäß oder Fass, sodass im Fassinneren noch Platz ist, und legen Sie die vorher gewaschene Essigmutter vorsichtig in die Flüssigkeit. Stellen Sie das Gefäß an einem möglichst warmen Ort (20 bis 25 °C) auf. Legen Sie ein Geschirrtuch oder Stofftaschentuch auf die Fassöffnung, damit Staub oder Ungeziefer draußen bleiben, aber Luft ins Innere gelangen kann.

Rühren Sie die Flüssigkeit nicht um, dadurch entfernen Sie die Essigmutter von der sauerstoffreichen Oberfläche und verzögern die Essigentstehung. Sie können die **Essigbildung beschleunigen**, indem Sie mit einem Trinkröhrchen Luft in den Most blasen. Nach 2 bis 3 Monaten können Sie Ihren Essig testen, aber lassen Sie sich Zeit: Mit jeder weiteren Woche bekommt der Essig eine aromatischere Würze.

Sobald Sie keinen Alkohol mehr herausschmecken, können Sie die **Essigmutter** vorsichtig abschöpfen. Sie lässt sich beliebig teilen und für weitere Ansätze wiederverwenden. Wenn Sie klaren Essig bevorzugen, können Sie ihn jetzt durch ein Sieb oder einen Papierfilter seihen. Erhitzen Sie den Essig langsam auf 55 °C, um eine neue Hautbildung auszuschließen.

Den **fertigen Essig** gleich in saubere Flaschen füllen, gut verschließen und einige Wochen nachreifen lassen. Halten Sie ihn luftdicht verschlossen, sonst bilden die restlichen Essigbakterien in der Flasche eine neue Essigmutter.

Essig aromatisieren – die Grundregeln

Nach der Herstellung wird Essig oft mit Gewürzen, Kräutern oder Früchten versetzt, um seinen Geschmack zu verfeinern. Meistens verwendet man hierfür Wein- oder Apfelessig. Das Ansetzen eines aromatisierten Essigs ist relativ simpel, solange man ein paar Grundregeln beachtet:

- Halten Sie die **Kräuter immer mit Flüssigkeit bedeckt**, damit die Pflanzenstiele nicht zu schimmeln anfangen. Die Kräuter sollten also nicht zu groß sein.
- **Entfernen Sie die holzigen Stiele** der Kräuter, sie sind oft bitter und lassen sich schwer aus dem Flaschenhals entnehmen.
- Kombinieren Sie feine, weniger intensive Gewürze oder Kräuter eher mit **Weißwein- oder Apfelessig** (z. B. Basilikum, Melisse, Thymian, Holunderblüten, Rosenblüten), für intensive Aromen (z. B. Zwiebel, Knoblauch, Peperoni) eignet sich **Rotweinessig**.
- **Flaschen mit weiter Öffnung** eignen sich zum Ansetzen der Kräuteressige. Sie sind leichter zu befüllen, entleeren und reinigen.
- Stellen Sie die angesetzten Kräuteressige **dunkel bei ca. 18 °C** auf und kontrollieren Sie nach 1 bis 2 Wochen, ob Ihr Ansatz schon intensiv genug ist.
- Zur Dekoration können einzelne Kräuterstängel oder größere Blüten in eine schöne Flasche eingelegt und mit dem fertigen Kräuteressig übergossen werden.

Kräuteressig

Geeignete Kräuter: Bärlauch, Basilikum, Estragon, Majoran, Melisse, Thymian, Knoblauch, Liebstöckel, Minze, Oregano, Petersilie, Rosmarin, Zwiebel, Lavendel, Salbei und viele mehr …

Gewürz- und Aromaessig

Trockene Gewürze können Sie in der Flasche lassen, sofern ihr Aroma nicht zu intensiv ist. Es eignen sich: Meerrettich, Ingwer, Peperonischoten, Zimt, Kümmel, Pfeffer, Senf – aber auch Holunder- oder Rosenblüten, Malven, junge Fichten- oder Lärchentriebe, Rosinen, Orangen- oder Zitronenschalen, Nelken, Veilchen und viele mehr …

Fruchtaromaessig

Fruchtessig kann aus Kirsch- oder Quittenwein hergestellt werden, aber auch Apfel- oder Weinessig lässt sich mit Früchten aromatisieren. Am einfachsten ist die Ansatzvariante, bei der frische oder tiefgefrorene Früchte mehrere Wochen im Essig ziehen. Richtwert: Rechnen Sie 50 bis 100 g Früchte auf 0,5 l Essig. Geeignet sind z. B. Him-, Brom-, Erd-, Johannis- und Heidelbeeren, aber auch Kirschen.

Die Essigmutter braucht Luft und Wärme.

Verschiedene Kräuteransätze.

Fruchtessig aus Apfel-Kirsch-Most.

Balsamessig basiert auf nicht fertig vergorenem Weißwein. Dieser wird gekocht und eingedickt. In einem Eichenfass wird dem gefilterten Sirup Balsamessig mit Essigsäurebakterien zugegeben. Die Fässer werden offen und warm gelagert. Im Laufe des ersten Jahres reduziert sich der Essig, wird in ein kleineres Kastanienholzfass umgefüllt, mit Essigkonzentrat aus dem nächstälteren Fass vermengt und ein weiteres Jahr gelagert. Die Reihenfolge der Holzarten spielt eine entscheidende Rolle für Geschmack und Farbe. Je länger die Lagerungszeit, umso dickflüssiger der Essig.

Ägypter, Römer, Griechen – viele Hochkulturen des Altertums stellten bereits Essig her. Römische Legionäre hatten ein Gemisch aus Wasser und Essig in ihren Feldflaschen, das sie »Posca« nannten. Es war ein bevorzugtes Erfrischungsgetränk und machte das damals relativ stark verkeimte Trinkwasser durch seine desinfizierende Wirkung erst genießbar.

Ananasessig (Limonade)

- Ananas der Länge nach vierteln, großzügig vom Strunk befreien und das Strunkfleisch würfeln.
- Apfelsüße im Essig auflösen und Strunkstückchen in das Ansatzgefäß geben.
- Ansatz 3 bis 4 Tage stehen lassen, das Fruchtfleisch täglich aufschütteln.
- Durch ein Sieb abseihen und in eine dekorative Flasche füllen.

Tipps

> Ein Spritzer Ananasessig auf ein Glas Mineralwasser und fertig ist ein erfrischendes Sommergetränk.

> Sie benötigen nur das Innere der Ananas. Der Strunk ist besonders hart, faserig und eigentlich ungenießbar. Die restliche Ananas können Sie wie gewohnt verzehren.

Ananasessig (Limonade)

- *1 Ananas*
- *10 bis 20 g Apfelsüße*
- *0,5 l Weißweinessig*

Balsamessig

- Apfelsaft mit Apfelkraut erwärmen, bis das Apfelkraut sich gelöst hat.
- Mit Essig mischen und mehrere Wochen ziehen lassen. Sein Geschmack reift im Laufe der Zeit aus.

Balsamessig

- *5 EL Apfelsaft*
- *80 bis 100 g Apfelbirnenkraut*
- *0,5 l Apfelessig*

Honigessig – weißer Balsamessig

- Honig in einem Topf unter Rühren vorsichtig schmelzen, Essig langsam angießen und rühren, bis der Honig sich vollständig aufgelöst hat.
- Der Essig ist sofort genießbar, nach Wunsch können Sie ihn mit 1 bis 2 Holunderblüten oder einer leeren Vanilleschote verfeinern.

Honigessig – weißer Balsamessig

- *50 g Honig, z. B. Sonnenblumenhonig*
- *0,5 l Weißweinessig*
- *1 bis 2 Holunderblüten*

Sie erkennen Bärlauch am knoblauchartigen Geruch, der bei Berührung und Verzehr freigesetzt wird. Seine kugeligen Doldenblüten sind mit weißen Sternchenblüten besetzt. Erntezeit ist jedoch vor der Blüte – in diesem Stadium kann er leicht mit den sehr giftigen Maiglöckchen verwechselt werden. Sie können beide Pflanzen anhand mehrerer Indizien auseinanderhalten: Bärlauch wächst meist als dichter Teppich auf größeren Flächen. Bei Maiglöckchen liegen sich immer zwei Blätter paarweise gegenüber – beim Bärlauch nur einzelne Blätter.

Bärlauchessig

Bärlauch waschen, klein schneiden und mit dem Apfelessig in eine Flasche geben.

Flasche verschließen und an einen warmen Ort stellen.

Blätter nach 2 bis 4 Wochen entfernen und 1 bis 2 kleine Bärlauchblätter zur Dekoration in die Essigflasche geben.

Tipps

> Essen Sie Bärlauch in Verbindung mit Milchprodukten, so wird der Knoblauchgeruch etwas gebunden.

> Pflanzen Sie Bärlauch in Ihrem Garten an einer schattigen, feuchten Stelle an die Nordseite eines Gebäudes oder unter Laubbäume. Die weißen Blütendolden erscheinen im Mai und Juni. Im Oktober können Sie Bärlauch durch Teilen der Pflanze vermehren.

Bärlauchessig

- *10 g frische Bärlauchblätter*
- *500 ml Apfelessig*

Dillessig

Die Hälfte des Essigs mit Senf, Pfeffer und Zucker aufkochen, mit dem restlichen Essig in eine Flasche füllen, Dill zugeben, kühl und dunkel lagern.

Dillessig

- *1 l Apfel- oder Weißweinessig*
- *1 EL Senfkörner*
- *1 EL weiße Pfefferkörner*
- *1 EL Zucker*
- *2 bis 3 Dillkronen/ -samenstände*

Erdbeer-Minze-Essig

Erdbeeren verlesen, möglichst nicht waschen, mit Minze und Zucker in eine Flasche füllen und mit dem Essig übergießen. Ansatz mindestens 4 Wochen ziehen lassen, danach filtern und in kleine Flaschen füllen.

Tipp > Lagern Sie den Essig dunkel, da er sonst seine schöne Farbe verliert.

Erdbeer-Minze-Essig

- *150 g Monatserdbeeren*
- *10 Minzenblättchen*
- *1 l Apfelessig*
- *20 g Zucker*

Estragonessig

Junge Estragonblätter lose bis auf halbe Höhe in eine 0,5-l-Flasche geben. Mit Weißweinessig auffüllen. Nach 4 Wochen können die Blätter entfernt werden.

Gewürzessig

Alles in eine Flasche füllen und mit erhitztem Essig übergießen. Die Flasche 2 Wochen an einem warmen, sonnigen Ort stehen lassen, anschließend die Gewürze abfiltern.

Gewürzessig

- *Je 4 schwarze und 4 weiße Pfefferkörner*
- *3 Fenchelsamen*
- *5 Pimentkörner*
- *4 Gewürznelken*
- *1/2 Zimtstange*
- *3 Korianderkörner*
- *1/2 Lorbeerblatt*
- *1 bis 2 Chilis*
- *0,5 l Essig*

Himbeeressig

Himbeeren mit der Vanillestange in die Flasche geben und mit Essig auffüllen.

Ansatz mindestens 2 Wochen bei Zimmertemperatur stehen lassen und anschließend durch ein Tuch filtern. Saft aus den Früchten pressen und zum Essig gießen.

Zur Dekoration können Sie frische Himbeeren in die Flaschen geben.

Himbeeressig

- *75 g Himbeeren (frisch oder aufgetaut)*
- *1/2 Vanilleschote*
- *0,5 l Weißweinessig*

WECK

Roter Feueressig

Pfeffer abwiegen, Bärlauch waschen und klein schneiden, mit Chilischoten in eine Flasche geben und mit Essig anfüllen. Je länger die Gewürze ziehen, umso schärfer wird der Essig.

Wenn Sie ihn verschenken möchten, setzen Sie ihn erst kurz zuvor an – so können Sie die dekorativen Gewürze in der Flasche lassen.

Roter Feueressig

- *5 g Pfeffer (rot, schwarz und weiß gemischt)*
- *4 frische Bärlauchblätter*
- *4 Chilischoten*
- *0,5 l Apfel-Kirsch-Essig*

Spargelessig

Spargel gut waschen, schälen und die Enden abschneiden. Schalen und Enden in kurze Stücke zerkleinern, in eine weite Flasche geben, mit Essig auffüllen, gut verschließen und 4 bis 6 Tage an einem warmen Ort stehen lassen.

Ansatz durch ein Sieb filtrieren und in eine Flasche abfüllen.

Tipp > Für Spargelliebhaber ein doppelter Genuss: Statt die Spargelabfälle (Schale und holzige Stücke) wegzuschmeißen, können Sie daraus einen leckeren Essig zubereiten, der sich hervorragend zum Abrunden von Soßen oder als Marinade für Fisch oder Fleisch eignet.

Spargelessig

- *200 g weißer Spargel*
- *250 ml Weißweinessig*

Tipps

> Alternative zu Salbeiblättern: 10 bis 15 g Birkenblätter.

> Salbei wirkt entzündungshemmend und kräftigend für die Haare, Lavendel reguliert die Talgdrüsenproduktion – hilft also bei fettigem Haar.

Essig-Kosmetik

Lavendelessig als Haarspülung

Lavendelessig als Haarspülung

- *0,5 l Essig*
- *20 g Lavendelblüten*
- *10 g Salbeiblätter*
- *8 bis 15 Tropfen Lavendelöl*

Essig mit Lavendel und Salbei in eine Flasche geben und gut verschließen. Zwei Wochen an die Sonne stellen, abfiltern, Lavendelöl zugeben und in die Flasche zurückfüllen.

10 ml Lavendelessig mit 1 l Wasser mischen und das Haar damit spülen. Kurz einwirken lassen und nachspülen.

Orangenessig als Gesichtstonikum

Gesichtstonikum

- *25 g Orangenschale (ungespritzt)*
- *1/4 l Weißweinessig*
- *1/4 l destilliertes Wasser*
- *4 bis 5 Tropfen Orangenöl*

Hauchdünne Orangenschalen mit Weißweinessig in eine Flasche füllen.

Ansatz ca. 10 Tage an einen warmen Ort stellen, anschließend die Orangenschalen abfiltern, mit destilliertem Wasser verdünnen und mit Orangenduftöl verfeinern.

Veilchenblütenessig

Veilchenblütenessig

- *5 g Veilchen*
- *200 ml Weißweinessig*
- *wenige Tropfen Apfelsüße*

Veilchen ohne Stiel in eine dekorative Flasche geben, mit Weißweinessig auffüllen, Apfelsüße dazugeben und gut verschließen.

Ansatz mindestens 2 Wochen ziehen lassen, täglich aufschütteln.

Tipp > Dieser Essig ist ein besonderes Multitalent: Er stabilisiert den Blutdruck, wird mit Mineralwasser zu einer leckeren Limonade und kann auch als Badezusatz verwendet werden.

Essig als Alltagshelfer

Holzpflegemittel aus Essig: 3 EL Salatöl und 3 EL Essig mit einer Gabel verquirlen. Mit einem kleinen Tuch auf fleckiges, mattes Holz oder Linoleum einreiben. Linoleum wird dadurch elastischer.

Essig statt Weichspüler: Mit 2 bis 3 EL Essig im letzten Spülgang der Waschmaschine wird die Wäsche weich und die Farben wirken frischer. Bei regelmäßiger Wiederholung muss die Maschine nicht so oft entkalkt werden.

Gefilzte Gegenstände können mit einem Schuss Essig im Spülwasser besser von den Filzseifenresten befreit werden. Tabakgeruch in Räumen lässt sich mit einer Schale Essig vertreiben.

Wildleder imprägnieren Sie mit einer Mischung aus 10 ml Glycerin, 10 ml Obstessig und 45 ml Wasser. Hiermit kann man z. B. Wildlederschuhe besprühen.

Flecken auf Marmor entfernt man, indem man etwas Wasser mit Essig vermischt und die Flecken damit abreibt. Kupfer und Messing reinigt man mit einer Paste aus Salz und Essig.

Zum Entfernen von Kalkrändern in Bad und WC eignet sich Essigessenz hervorragend. Die Essigsäure desinfiziert, da sie Bakterien abtötet.

Mit ein paar Spritzern Essig im Putzwasser werden Ihre Fenster streifenfrei glänzen.

Fingerbad mit Essig: Baden Sie Ihre Finger in einer Mischung aus Wein- und Obstessig und lauwarmem Wasser (Verhältnis 1:2). So hält der Nagellack besser, da die Essigsäure Fett- und Schmutzreste von Ihren Nägeln entfernt.

Essig als Medizin

Im Mittelalter galt insbesondere Kräuteressig als Heilmittel. Hildegard von Bingen und Nostradamus berichten in ihren Schriften über die Wirkungsweise und Verwendung der im Essig extrahierten Heilpflanzen. Damals rieb man den Körper zur Desinfektion mit verschiedensten Essigauszügen ein. Auch medizinische Behälter und Geräte reinigte man mit Essig. Die medizinische Anwendung von Essig bei Atemwegserkrankungen und Verdauungsbeschwerden ist schon durch Hippokrates überliefert.

Essighaltige Gerichte sind stoffwechselanregend, da Essigsäure die Speicheldrüsen zu erhöhtem Speichelfluss aktiviert.

Essigkonsum erzeugt im menschlichen Körper eine basische Reaktion, die das Säure-Basen-Verhältnis des Organismus positiv beeinflusst. Der Körper produziert sogar selbst Essigsäure, um Fette und Kohlenhydrate abzubauen.

Äußerlich wird Essig angewendet bei Muskelkater und Schwellungen.

Bei schlechter Durchblutung und zur Fiebersenkung helfen in Essig getränkte Strümpfe oder Tücher. Essig mit lauwarmem Wasser im Verhältnis 1:4 mischen, Kniestrümpfe oder Baumwolltücher hineinlegen, leicht ausdrücken und anziehen bzw. um Füße und Unterschenkel wickeln. Mit einem Handtuch und einer warmen Decke zugedeckt 1 Stunde einwirken lassen.

Hausmittel gegen Verstopfung: 75 ml Milch mit 25 ml Most und 1 TL Essig verrühren. Morgens vor dem Frühstück trinken.

Glossar

Antigeliermittel (Pektinase) Um das Gelieren von pektinreichen Fruchtsäften (z. B. von Johannisbeeren) zu vermeiden, kann Antigeliermittel (Enzyme) zugegeben werden.

Benzoesäure und **Sorbinsäure** sind chemische Konservierungsmittel, die z. B. in zuckersparenden Gelierzuckern (1:2) enthalten sind.

Dampfentsafter Spezialgerät zum heiß Entsaften größerer Obst- und Gemüsemengen.

Die **Essigmutter** ist eine gallertartige Haut aus Essigsäurebakterien, die man zugibt, um aus alkoholhaltigen Flüssigkeiten Essig herzustellen.

Gärung ist eine chemische Reaktion, bei der sich der Zucker im Saft in Alkohol umwandelt.

Eine **Hydropresse** besteht aus einem gelochten Presskorb, in dessen Mitte ein Gummischlauch befestigt ist, der sich ausdehnt, sobald er mit Wasser gefüllt wird. Die Maische wird nun gegen den Presskorb gedrückt und der Saft fließt außen ab.

Kaltgärhefen sind spezielle Reinzuchthefen, die noch bei niedrigen Temperaturen (unter 10 °C) Zucker in Alkohol verwandeln.

Korbpresse: Zerkleinertes Obst wird in der Korbpresse entsaftet durch Zusammenpressen der Maische, Saft fließt über eine Rinne ab, der Trester bleibt als Presskuchen übrig und wird als Dünger oder Schweinefutter verwendet.

Läuterzucker oder **Zuckersirup** wird hergestellt, indem man Wasser mit Zucker erhitzt, den Schaum abschöpft und den abgekühlten Sirup zum Süßen von Likör etc. verwendet.

Als **Maische** bezeichnet man geraspeltes, gehäckseltes Obst, das auf Erbsengröße zerkleinert wurde, um den Saft besser auspressen zu können.

Most ist alkoholhaltiger Apfelsaft, der in verschiedenen Regionen unterschiedlich benannt wird: Apfelwein »Äppelwoi« in Hessen, »Cidre« in Frankreich, »Sidar« in Spanien, »Cider« in England.

Eine **Obstfräse** oder **Obstmühle** wird zum Zerkleinern von Äpfeln und anderen Obstsorten verwendet, es entsteht die Maische.

Durch das **Pasteurisieren** wird Saft haltbar gemacht, indem man ihn kurzzeitig auf ca. 80 °C erhitzt, und somit die Mikroorganismen im Saft abtötet.

Eine **Saftzentrifuge (Entsafter)** ist ein Gerät zum vitaminschonenden kalt Entsaften. Durch eine sich drehende Raspel wird Gemüse/Obst zerkleinert und gleichzeitig durch ein Sieb der Saft von den festen Bestandteilen getrennt.

Als **Sirup** bezeichnet man Fruchtsäfte, die durch Zuckerzugabe einen Gesamtzuckergehalt von mindestens 65 % enthalten. Dadurch ist Sirup wesentlich haltbarer als naturbelassener Saft.

Trester ist entsaftete Maische. Wird zerkleinertes Obst entsaftet, bleibt Trester als Pressrückstand übrig.

Verwendete Literatur

Arnsperger, Dr. Irmela: Großmutters Hausmittel neu entdeckt, Readers Digest, Sonderausgabe ADAC Verlag GmbH, München 2001

Binder, Egon M.: Fruchtwein, Most und Säfte selbst gemacht, BLV Verlag, München 1997

Brand, Eckart: Mein großes Apfelbuch, Bassermann Verlag München 2003

Buss, Katharina: Leib- und Magenelixiere, ECON Taschenbuchverlag, Düsseldorf 1988

Daiber, Claudia und Hailer, Manfred: Liköre, Eugen

Dittus-Bär, Renate: Großmutter Kräuterapotheke, Ulmer, Stuttgart 2003

Dr. Oetker: Einmachen von A–Z, Dr. Oetker Verlag, Bielefeld 2009

Essich, Birgit: Direktvermarktung: Likörbereitung, Kleinbrennerei 2004, Heft 11

Engler, Elisabeth: Das neue Sirup-Kochbuch, CompBook Health Edition, Kranzberg 2008

Fischauer, Andreas: Essig & Senf selbstgemacht, Leopold Stocker Verlag, Graz 2007

Gaigg, Walter: Ansatzschnäpse – Liköre und Kräuterweine, Leopold Stocker Verlag, Graz 1996

George, Herbert: Likörbereitung, Eugen Ulmer Verlag, Stuttgart 1996

Hagmann, Klaus: Ansatzschnäpse, Kleinbrennerei 2003, Heft 1

Hartmann, Walter: Farbatlas alte Obstsorten, Ulmer, Stuttgart 2000

Hirsch, Sigrid: Kräuter-Rezeptbuch, Freya Verlag, Linz 2007

Innerhofer, Georg: Sirup aus Früchten, Blüten, Kräutern und Nektar, Leopold Stocker Verlag, Graz 2005

Jakubik, Uwe: Most und Saft selber machen, Ulmer, Stuttgart 2007

Klemme, Brigitte und Holterman, Dirk: Delikatessen am Wegesrand – Un-Kräuter zum Genießen, WDR-Begleitbuch zu »Öko ... Umweltreport«

Krumbolz, Irmgard und Heintz, Antje: Punsch, Bowlen, Grogs, Heyne Verlag, München 1977

Mädler Edition Rau, Dresden 2002

Lehari, Gabriele: Beeren-, Frucht- und Kräuterweine, Leopold Stocker Verlag, Graz 2008

Mangold, Gudrun: Most – Das Buch zu Apfel- und Birnenwein, Silberburg Verlag, Tübingen 2003

Marti, Oskar: Likör, Bowle, Sirup, AT Verlag, Aarau 2005

Mennigen, Peter: Alte Heilschnäpse und Liköre, Area Verlag, Erftstadt 2005

Merhart, Nenna von und Ehrenreich, Paul: Heilschnäpse zum Selbermachen, Weltbild Buchverlag, Augsburg 1999

Röhrig, Günter: Likörbereitung, Flüssiges Obst 2002

Schönfeld, Ingrid und Peter: Der neue Kosmos Heilpflanzenführer, Franckh-Kosmos Verlag, Stuttgart 2001

Bezugsadressen

Flaschen und Zubehör zum Saften und Mosten

Bockmeyer Kellereitechnik GmbH
Zementwerk 3
72622 Nürtingen
Tel. 0 70 22/93 34 30, Fax 3 11 23
www.bockmeyer.de

ReKru GmbH Brennerei-/Kellereibedarf
Betznauer Straße 28
88079 Kressbronn
Tel. 0 75 43/7744, Fax 51 35
www.rekru.de

Rink
Wangener Straße 18
88279 Amtzell
Tel. 0 75 20/61 45
www.rink-gmbh.de

C. Schliessmann Kellerei GmbH & Co. KG
Auwiesenstraße 5
74523 Schwäbisch Hall
Tel. 07 91/9 7191 -0, Fax 9 71 91 -25
www.c-schliessmann.de

Speidel
72128 Ofterdingen-Tübingen
www.speidel-behaelter.de

Seltene Kräuter und alte Nutzpflanzen

Saatgut und Kräuterversand
Klaus Lang
lang.wolfegg@freenet.de

VEN (Verein zur Erhaltung der Nutzpflanzenvielfalt e.V.)
Uhlandstraße 57
D – 45469 Mülheim an der Ruhr
www.nutzpflanzenvielfalt.de

ARCHE NOAH
(Gesellschaft für die Erhaltung der Kulturpflanzenvielfalt und ihre Entwicklung)
Obere Straße 40
Ö – 3553 Schiltern
www.arche-noah.at

Gärtnerei Naturwuchs
Bardenhorstraße 15
33737 Bielefeld
www.naturwuchs.de

Kurse

z. B. »Mosten« oder »Kräuterlikör ansetzen«
Bauernhausmuseum Wolfegg
Buchungen unter Tel.: 0 75 27/95 50 0
www.bauernhausmuseum-wolfegg.de

Die Autorinnen

Annette Schierhorn wuchs zwar auf dem Lande auf, war jedoch mit den in diesem Buch vorgestellten Produkten allenfalls als Verbraucherin in Berührung gekommen. Dies wurde anders, als sie zusammen mit ihrem Mann einen Bauernhof in Oberschwaben erwarb, auf dem ein Brennrecht lag. Sie belebte dieses wieder, absolvierte die Ausbildung zur staatlich geprüften Brennerin und gewinnt seither zunehmend Freunde für ihre – nicht nur alkoholischen – Produkte aus dem, was die Natur im sonnigen, aber etwas rauen Allgäu hergibt. Prämierungen bestätigen ihre Arbeit.

Ursula Lang lebt mit ihrer Familie im Allgäu und bewirtschaftet mit ihrem Mann mehrere Gärten, in denen seltene Gemüse und Kräuter gedeihen. In den Hobbygärten werden fast vergessene und teilweise vom Aussterben bedrohte Kultursorten wie Alblinsen, Apfelbeeren oder Indianernessel erhalten und vermehrt. Hier gedeihen neben Kräutern aber auch Ideen für neue Rezepte und Projekte. Als Museumspädagogin im Bauernhausmuseum Wolfegg entwirft und organisiert sie Aktionsprogramme für Schulklassen und Familien, wobei althergebrachte Kulturtechniken wie die Verarbeitung von Lebensmitteln, Herstellung von Most, Essig und Säften mit zu den Schwerpunktthemen ihrer täglichen Vermittlungsarbeit gehören.

Haftung

Die in diesem Buch enthaltenen Empfehlungen und Angaben wurden von den Autorinnen mit großer Sorgfalt zusammengestellt und geprüft. Trotzdem können Fehler nicht ausgeschlossen werden. Die Autorinnen und der Verlag übernehmen keinerlei Haftung für etwaige Schäden und Unfälle.

Bibliografische Information der Deutschen Nationalbibliothek

Die Deutsche Nationalbibliothek verzeichnet diese Publikation in der Deutschen Nationalbibliografie; detaillierte bibliografische Daten sind im Internet über http://dnb.d-nb.de abrufbar.

3. Auflage

BLV Buchverlag GmbH & Co. KG
80636 München

Bildnachweis: Alle Fotos von Bethel Fath
Umschlagkonzeption: BLV Verlag
Umschlaggestaltung: BLV Verlag
Umschlagfotos: Stockfood/B. Winkelmann (vorne), Bethel Fath (hinten)

Lektorat: Maritta Kremmler, Sandra Hachmann
Herstellung: Hermann Maxant
DTP: Anton Walter, Walter Werbegrafik

Gedruckt auf chlorfrei gebleichtem Papier

Printed in Germany

ISBN 978-3-8354-1509-6

www.facebook.com/blvVerlag